KB184829

흔들리는 삶의 중심을 잡아라

흔들리는 삶의 중심을 잡아라

어른의 태도를 점검하는 《논어》의 말들

초판 1쇄 펴낸날   2024년 12월 20일

지은이 황광욱
펴낸이 이건복
펴낸곳 도서출판 동녘

편집 이정신 이지원 김혜윤 홍주은
디자인 김태호
마케팅 임세현
관리 서숙희 이주원

만든 사람들
편집 이지원   디자인 김태호

인쇄·제본 영신사   라미네이팅 북웨어   종이 한서지업사

등록 제311-1980-01호 1980년 3월 25일
주소 (10881) 경기도 파주시 회동길 77-26
전화 영업 031-955-3000 편집 031-955-3005 팩스 031-955-3009
홈페이지 www.dongnyok.com 전자우편 editor@dongnyok.com
페이스북·인스타그램 @dongnyokpub

ISBN 978-89-7297-151-1 (03190)

• 잘못 만들어진 책은 구입처에서 바꿔 드립니다.
• 책값은 뒤표지에 쓰여 있습니다.

흔들리는 삶의 중심을 잡아라

어른의 태도를 점검하는
《논어》의 말들

황광욱 지음

동녘

차례

Ⅰ 어른다운 어른이 된다는 것

II 말에는 사람이 담긴다

Ⅲ 세상사에는 감정이 따른다

IV 삶을 대하는 태도를 점검하라

목대를 불끈 움켜쥐는
작은 기운이 되기를

어른! 참 멋진 단어다. 어른은 순우리말이고, 옛말로
는 '얼운'이다.

세종대왕의 명으로 수양대군이 1447년(세종 29년)에 간행한
《석보상절》에는 "녀남은 지혜로운 사람이 얼운이다."라고 되
어 있다. 어른은 남녀의 구별이 아니며, 신분적 위치, 사회적
위계, 지위의 고하, 나이의 많고 적음보다는(혹은 그와 관계되더
라도) 지혜를 갖추는 것이 어른이 되는 최소 또는 필수 조건인
셈이다.

누구나 생물학적·법률적으로 어른이 되지만 인격을 갖춘
어른다운 어른이 되기는 쉽지 않다. 우리 사회만 해도 통치
자, 리더는 적지 않지만 어른다운 어른을 떠올리기 어렵다.

'목대잡이'라는 순우리말이 있다. 목대잡이는 '멍에의 양쪽
끝 구멍에 꿰어 소의 목 양쪽에 대는 가는 나무'를 뜻하는 목

대를 잡고 일을 시키는 사람이다. 말하자면 '여러 사람을 거느리고 일을 시키는 사람'이다. 신분, 인격, 지위보다는 어떤 현장에서 특정 일을 직접 마주하고 해결하는 상황과 관련 있는 것이다. 통치하거나 앞에서 깃발을 들고 이끌거나, 무리를 몰고 가는 사람이 아니다. 사람을 북돋고, 적절하게 포치하고, 이렇게 저렇게 하라고 보여주고, 함께하고, 살피는 역할을 하는 사람이다.

어른다운 어른이 되는 일은 결코 쉽지 않다. 하지만 상하좌우의 인간관계 속 한 올인 우리는 누구나 목대잡이가 되어야 하고, 목대잡이 역할을 할 수밖에 없다. 그렇다면 주어진 자리에서 온전히 책임을 다하고, 상황을 마주하며 해결하는 훌륭한 목대잡이의 모습은 어떠할까?

◆ ◆ ◆

수천 년 동안 동아시아인의 생각과 행동의 지침이었던 유학의 대표 경전인 《논어》는 공자의 말, 공자가 제자 혹은 타인과 주고받은 대화, 제자의 말 등 공자의 사상과 행적이 담겨 있다. 《논어》를 쓴 사람이 누구냐에 대해서는 여러 주장이 있지만 공자 자신이 저술하지 않은 것은 틀림없고, 공자가 죽고 공자의 사상과 행동을 익히고 보여주기 위해 제자들이 엮었다고 할 수 있다. 《논어》에 대한 해설의 역사 또한 유구하며 정치, 역사, 인간관, 예술 등 여러 방면에서 다루어져 왔다.

《논어》의 한 구절 한 구절은 특정 시간·공간 속에서 사건 (사람)을 배경으로 언표된 것이다. 《논어》를 읽거나 논의할 때 시간·공간·사건의 사실적 관계를 밝히고자 하고, 그 관계를 통해 구절의 속뜻을 해석하거나, 배경과 맥락뿐만 아니라 그런 언명을 하게 된 메타 근거를 밝혀 사상적 의미를 찾아내려는 노력도 있다.

역사적 방법이라 하든 철학적 방법이라 부르든 그런 작업은 모두 학술적 해석이다. 해석이 학술이 되려면 학술적 진술의 요건을 갖춰야 하고 학술적 진술은 지식의 구조화로 표현되기 마련이다. 그래서 학술적 글을 읽기 위해서는 선지식도 필요하고, 구조화를 이해하는 지적인 작업도 필요하다. 그런 노력은 학술에서는 당연하고 또 끊임없이 논의되어야 한다.

하지만 여기서는 학술적 방법과 논리로 서술하지 않았다. 《논어》에 대한 학술적 쟁점이나 시·공간적 배경과 사건의 사실 관계를 밝히거나, 철학 혹은 사상적 해석을 하지 않았다. 이 책은 학술 서적이 아니다.

《논어》의 각 구절은 특정한 시간·공간·사건의 맥락 위에 있지만 그 구절들이 '지금-이곳-나'를 두고 하는 말이라면 어떨까를 생각했다. 특정 구절을 솎아 '지금-이곳-나'에 대입

하면 그 구절이나 언명이 활갯짓하며 내게 울림을 주지 않을까?

그러나 구절을 통해 나 자신을 알고 싶지만 내가 직접, 그리고 객관적으로 나를 알아내기란 쉽지 않다. 우리는 모두 '나-자기'에 대해서는 이런저런 핑계와 너그러움이 작용하기 때문이다. 그렇다면 '나'를 알고 느끼는 매개로 '그'를 먼저 생각해보고, 그를 통해 나를 살펴볼 수 있지 않을까? 즉, 각 구절이 '지금-이곳-그'에게 하는 말이라고 이해해보고, 그런 다음에 '그에게 있어서의 나' 혹은 '그가 바라보는 나'를 되돌아보자는 것이다.

◆ ◆ ◆

앞서 고백했듯 이 책은 학술적 구조나 요건을 갖춘 책이라고 보기 어렵다. 선지식이 필요하거나 논리적 선후가 있는 것도 아니며 지적인 분석을 요구하지도 않는다. 그리고 각 구절은 분절적이고 독립적이다. 따라서 I장을 먼저 읽고 II장을 읽어야 하는 것도 아니고, 앞 구절을 읽어야 뒤 구절을 이해할 수 있는 것도 아니다. 어떤 쪽을 먼저 읽어도, 나중에 읽어도 상관없다. 각 구절을 '지금-여기-그(나)'에게 맞추어 읽기만 하면 된다. 다만, 이를 알고 느끼기 위해 가능하면 다음과 같

이 읽어주면 좋겠다. 물론 이것도 제약이 아니다. 읽는 사람
마음대로 읽어도 좋다.

1. 책을 아무 곳이나 펼친다.
2. 우리말 해석을 읽는다.
3. 원문은 가능한 소리 내어 온몸으로 읽는다.(공공장소라면
    속으로 읊조려도 좋다. 입, 귀, 눈 그리고 몸과 머리를 모두 함께 사용
    하며 읽는 게 원전을 읽는 맛이다. 눈으로만 읽는 맛과 온몸으로 읽는
    맛은 다른 차원이다)
4. '지금-여기-그'를 떠올리며 해설을 읽는다. 아니면 해
    설을 읽고 '어떤 때-어느 곳-그'를 떠올려도 좋다.
5. '그에게 있어서의 나' 혹은 '그가 생각하는 나'를 대입해
    본다.
6. 다시 우리말 해석과 원문을 읽는다.

◆ ◆ ◆

그동안 유학을 대표하는 네 가지 책(《대학》,《논어》,《맹자》,《중
용》) 가운데 세 가지를 해설하고 집필했다. '사람으로 살아
가기'라는 관점으로《맹자》를, '세상 이해하기'라는 관점으
로《중용》을, '좋은 어른 되기 연습'이라는 관점으로《대학》

을 풀어썼다. 그리고 이번에 '그 그리고 나'라는 관점에서《논어》를 쓰게 되었다. 어쩔 수 없이 상하좌우의 인간관계 속에 있을 수밖에 없는 '나'와 또 다른 나인 '그'에 비추어 생각하고 느껴보고자 하는 바람으로《논어》의 특정 구절을 엮었다.

이 책에서는 누군가의 윗사람으로서, 친구와의 관계에서 그리고 재물이나 음식을 대하는 태도에 있어 멋진 사람, 어른다운 어른의 모습은 어떠한지 함께 생각해보고자 한다. 이 책 전체가 아니어도 한 구절이라도 목대잡이인 그대가 목대를 불끈 움켜쥐는 작은 기운이 되기를 소망한다.

황광욱

I   어른다운 어른이 된다는 것

사람 알기

보고, 살피고, 지켜보아라

—

하는 바를 보고 그것을 하는 까닭을 살펴보며,

그 편안하게 여기는 것을 지켜본다면 사람들이 어찌

자신을 숨길 수 있겠는가!

視其所以 觀其所由 察其所安 人焉廋哉

시기소이 관기소유 찰기소안 인언수재

-〈위정편〉 10

그는 대체 어떤 사람일까? 사귀어도 괜찮을까? 그의

행동을 보지 않고도 그를 알 수 있을까? 행동을 보면 그를 알

수 있을까?

이 구절은 그가 어떤 사람인지 알아내는 방법과 단계

를 아주 쉽게 말하고 있다. 좀 더 부연해보자.

먼저, 그 사람이 하는 행동을 보는 것이다. 굳이 보려고 의식하지 않아도 보이는 행동일 수도 있다. 이 단계에서는 "저 사람은 저런 행동을 하는 사람이구나" 하는 정도로 그 사람을 파악한다. 저 사람은 지금 선행 혹은 악행을 하는가 정도를 알 수 있다

다음으로 그 사람이 어떤 행동을 할 때, 그 행동을 왜 하는지 까닭을 찾아보는 것이다. 겉으로 드러난 행위의 이면 혹은 상황과 맥락을 알 수 있다. 선행이라도 그 까닭이 선이 아닐 수 있고, 악행이라도 그 연유가 악이 아닐 수 있다. 살피기를 통해 그의 속을 알 수 있다.

마지막으로 그 사람이 자신이 한 행동에 대해 편안하고 즐겁게 여기느냐 혹은 불편하고 괴롭게 여기고 있느냐를 본다. 어떤 행동을 의도적으로 했든 무심코 했든 어쩔 수 없이 했든 행동 이후의 태도와 마음가짐이 어떤가를 두고 보는 것이다. 즉, 지켜보기를 통해 그의 성품을 알 수 있다.

보기의 단계에서 누군가의 겉으로 드러난 행동을 보면 두 가지 유형의 사람으로 나뉜다. 여기서 살피기 단계를 거쳐 내면을 살피면 네 가지 유형으로 나뉜다. 그리고 지켜보기의 단

계로 성품을 알면 여덟 가지 유형으로 사람이 세분화된다.

보기(視) — 행동	살피기(觀) — 그 행동을 한 까닭	지켜보기察 — 상태, 태도	유형
선행 (꾸준히 저축한 돈을 불우이웃 돕기에 기부)	어려운 이웃을 돕는 것을 의무로 여기거나 혹은 타인의 아픔에 공감해서	편안해함	A
		아까워함	B
	선한 사람으로 보여야 얻는 게 더 많을 것 같아서	편안해함	C
		안절부절못함	D
악행 (친구의 돈을 훔침)	안 되는 줄 알면서도 사정이 너무 긴박해서	자기합리화를 함	E
		후회함	F
	유흥과 도박 자금 마련을 위해서	편안해함	G
		불안해함	H

A~H 가운데 어느 유형이 가장 좋을까? 그보다는 내가 사귀고자 하는 사람은 어떤 유형이면 좋겠는가에 답하는 게 더 쉽겠다. 관점의 보편적 특성으로 인해 대부분 선행을 진심으로 베풀 줄 아는 A 유형이 가장 바람직하다고 볼 것이다. 내가 사귀는 사람이 A 유형이면 나는 아주 편안하다. 불안할 이

유가 없다. 그렇다면 가장 사귀고 싶지 않은 유형은 무엇인가? 아마 일반적인 사람은 악의적으로 악행을 저지르고도 죄의식을 갖지 않는 G 유형을 가장 멀리하고 싶은 사람으로 꼽을 것이다. 설혹 자신이 G 유형의 사람일지라도.

그렇다면 C와 F 가운데 어느 유형이 더 바람직할까? B와 H 가운데 어느 유형을 더 멀리하고 싶은가? 이는 행동 자체, 행동의 동기, 행동에 대한 사후 태도 중 어느 것을 중요하게 여기느냐에 따라 사람마다 다른 입장을 가질 것 같다. A, G 유형은 행동, 동기, 사후 태도 모두 명확하게 좋거나 나쁘다. 하지만 다른 유형은 좋거나 나쁜 면을 동시에 지니고 있기에 사람 각자의 판단과 선호가 다를 수 있다. 이를 감정 혹은 관점의 개별성이라고 해도 좋겠다.

> 🔥 **생각해보기**
>
> 친구, 부모, 애인, 상사, 부하 등 누구라도 좋다. 여기서 그를 떠올려보자.
> 그는 A~H 가운데 어디에 속할까?
> 그에게 나는 어느 유형일까?

그 사람을 알고 싶다면 보아라, 살펴라 그리고 지켜보아라!

나는 어떤 사람으로 여겨지고 있는가?

—

남이 나를 알아주지 않음을 걱정하지 말고,
내가 남을 알지 못함을 걱정해야 한다.

不患人之不己知　患不知人也
불환인지불기지　환부지인야

－〈학이편〉16

근심患은 자기 자신에게서 오는 걱정이다. 떳떳하지
못하거나 본마음대로 하지 않을 때 근심이 온다. 그러니 남
또는 환경에 의해 내가 근심할 것이 아니다. 남 때문에 근심
하고 있는 사람은 근심의 근원이 자신임을 모르고 있을 뿐
이다.

남이 나를 알아주지 않음은 걱정거리가 아니다. 그가 어떤 사람인지, 그에 대해 제대로 알고 있는지, 잘못 알고 있는지는 나의 문제다. 그러기에 걱정거리가 된다.

남이 나를 알아주기만을 원하는 사람은 자신의 가치나 자존을 남에게 기대고자 한다. 자존감이 현저히 낮아 주체적인 사고가 어려워 보인다. 남을 알지 못할까 걱정만 하는 경우는 자기 중심성이 강해 스스로에게 침잠되어 오히려 타인에게 보이는 자신의 모습을 알지 못하고, 실질적 관계 맺음에 어려운 면이 있어 보인다.

A: 나를 알아주지 않을까를 걱정함.
B: 남을 알지 못할까를 걱정함.

이 중 하나만 하는 사람은 없으며, 하나만 하는 노력은 비현실적이다. 이 두 가지의 경우는 복합적으로 일어나고, 현실의 인간은 이 두 가지의 모습을 모두 지니고 있다.

그렇기에 현실의 사람을 이해하는 데는 이 두 가지의 경우를 경중(가볍고 중요함), 선후(먼저와 나중)의 틀로 판단해보면 도움이 된다.

경중輕重

자신과 남을 대하는 기본적 태도다. 여기서 남을 알지 못하는 것보다 나를 알아주지 않는 것을 더 걱정하는 사람을 ①이라고 하자. 그리고 나를 알아주지 않는 것보다 남을 알지 못하는 것을 더 걱정하는 사람은 ②라고 하자. 남이 나를 알아주기를 중요하게 여기는 ①보다 남을 알지 못할까를 더 중요하게 여기는 ②가 어른스럽고 지도자의 자질이 더 있어 보인다.

> 🔥 **생각해보기**
>
> 눈에 띄는 주변 사람을 ①과 ②에 대응해보라.
> 그는 ①과 ② 가운데 어디에 속할까?
> 그에게 나는 ①과 ② 가운데 어떤 사람으로 여겨지고
> 있는가?

선후先後

선후는 상황에 대응하는 가변성을 가진다. 여기서 나를 알아주지 않을까를 먼저 걱정하는 사람을 ③, 남을 알지 못할까를 먼저 걱정하는 사람을 ④라고 하자. 그리고 관계에 따라 선후를 설정하는 사람(가족, 친구와 같이 정감적 교류를 중시하는 모둠에서는 B를 먼저 하고, 대중에게 나를 알려 신뢰감을 쌓아야 하는 강연 등에서는 A를 먼저 함)을 ⑤라고 하자.

🔥 생각해보기

주변 사람을 ③, ④, ⑤에 대응해보라. 어느 사람과
가까이하고 싶은가?
그는 ③, ④, ⑤ 가운데 어디에 가까운가?
그에게 나는 ③, ④, ⑤ 중 어떤 사람으로 여겨지고 있는가?

선후와 경중을 조합해보자. 여섯 가지의 유형이 나온다.

경중＼선후	③ (A를 먼저 함)	④ (B를 먼저 함)	⑤ (관계에 따라 선후를 설정함)
① (A를 중시)	a	b	c
② (B를 중시)	d	e	f

a: A에 더 중점을 두고 A를 먼저 함.

b: A에 더 중점을 두고 B를 먼저 함.

c: A에 더 중점을 두고 관계에 따라 A, B의 선후를 달리함.

d: B에 더 중점을 두고 A를 먼저 함.

e: B에 더 중점을 두고 B를 먼저 함.

f: B에 더 중점을 두고 관계에 따라 A, B의 선후를 달리함.

a는 자신감이나 정체성이 없거나 약해 자기를 타인에 의해 규정되고 인정받기만을 바라는 사람이라고 할 수 있다. e는 자존감이나 정체성이 확고하기는 하지만 사람 관계의 특수한 측면을 간과할 수 있다. f는 자존감이나 정체성도 확고하고 나와 관계 맺는 남과의 특수한 측면도 고려하는 융통성이 있어 보인다.

a~f 가운데 가장 좋은 경우, 가장 나쁘다고 생각하는 경우를 골라보자.

> 🔥 **생각해보기**
>
> 그는 어디에 넣을 수 있을까?
> 그에게 나는 어디에 속한다고 보일까? 혹시 a는 아닌가?

내가 원하지 않는 것,
남에게도 가하지 말라

—

남이 나에게 가하지 않고자 하는 일은 나도 남에게
가하지 않는다.

不欲人之加諸我也 吾亦欲無加諸人
불욕인지가저아야 오역욕무가저인

−〈공야장편〉11

사람을 대하는 바람직한 태도에는 남이 나에게 가하
지 않았으면 하는 일을 남에게 가하지 않기, 자신이 하지 않
고자 하는 일을 남에게 시키지 않기가 있다.

남이 내게 가하지 않았으면 하는 일을 남에게 가하지 않음
은 남을 헤아려 내게 적용한 것이다. 자신이 하지 않고자 하

는 일을 남에게도 시키지 않음은 나를 헤아려 남에게 적용한 것이다. 남을 헤아리는 데는 남이 하고자 하는 것을, 나를 헤아리는 데는 내가 하지 않고자 하는 것을 찾는 셈이다. 여기서 남을 대하는 세 가지 황금률을 살펴보자.

A: 내가 대접받고 싶은 대로 남을 대접하라.
B: 남이 내게 하지 않았으면 하는 일을 나도 남에게 하지 마라.
C: 내가 하고자 하지 않는 일을 남에게 베풀지 마라.

A의 '~하라!'는 적극적 명령이고, B와 C의 '~하지 마라!'는 소극적 명령이다.

A와 C는 나를 중심으로 남의 감정과 욕망을 헤아린 것이고, B는 남을 중심으로 나의 감정과 욕망을 헤아린 것이다.

이를 표로 정리해보자.

	A	B	C
나를 중심으로 남을 헤아림	√		√
남을 중심으로 나를 헤아림		√	
적극적 명령	√		
소극적 명령		√	√

원하는 것을 채워주기(A)와 원하지 않는 것을 가하지 않기 (B, C) 가운데 무엇을 선택할 것인가? 적극적 명령, 소극적 명령 그 어느 것에 따를 것인가?

원하지 않는 것도 사람마다 다르고, 원하는 것을 채워주려다 원하지 않는 것을 가하게 되는 경우도 있다. 그 무엇보다 원하지 않는 것을 가하지 않는 것이 중요하다.

나의 욕구에 근거해서 남에게 적용하는 것(A, C), 남의 욕구에 근거해서 그에게 적용하는 것(B) 가운데 어느 것을 선택할 것인가? 나를 중심으로 헤아릴 것인가, 남을 중심으로 헤아릴 것인가? 어느 것이 더 상대를 존중하는 것일까?

누구나 바라는 것이 있지만, 내가 바라는 것을 남도 필연적으로 바라지는 않는다. 원하는 바는 획일적이지 않고 사람마다 다르다. 따라서 남을 대할 때는 그가 바라는 대로 해주는 것이 바람직하지 않을까?

그를 대하는 바람직한 순서대로 나열해보자.

①: 그가 원하지 않는 것을 그에게 가하지 않기.
②: 내가 원하지 않는 것을 그에게 가하지 않기.

③: 그가 원하는 것을 그에게 가하기
④: 내가 원하는 것을 그에게 가하기

모두 남을 대하는 좋은 태도기는 하지만 남 중심이거나 적극적 명령인 ①, ③, ④는 현실에서 이루어지기는 어렵다. 무엇보다 그가 원하는 것과 원하지 않는 것을 정확하게 알 수 없다. 게다가 원하지 않는 것을 원하는 것으로, 원하는 것을 원하지 않는 것으로 잘못 연결할 수 있다. 그래서 나를 중심으로 한 소극적 명령, 즉 '내가 원하지 않는 것을 남에게 가하지 마라'는 명제가 가장 현실적 규율이다. 그게 공자가 누누이 강조하는 서恕다.

그렇다면 이런 태도는 어떤가?

⑤: 그가 원하는 것을 못하게 하기.
⑥: 내가 하기 싫은 것을 그에게 가하기.

⑤, ⑥ 가운데 무엇이 더 나쁠까?

두 경우 모두 바람직하지 않은 태도고 어느 것이 더 나쁘다고 단정하기 힘들 듯하다. 하지만 '나는 그가 원하는 것을 못하게 하고 있지는 않은가?' '나는 그가 원하지 않는 것을 시키고 있지는 않은가?'를 돌아볼 필요는 있다.

그는 나를 ①~⑥ 가운데 어떻게 대하고 있는가?

나는 그를 ①~⑥ 가운데 어떻게 대하고 있는가?

후배라면 태도를 갖추고, 선배라면 의무를 지녀라

—

분발하지 않으면 뜻을 알려주지 말고, 애태우지 않으면
말해주지 마라.
한쪽을 알려줬는데 나머지 세 귀퉁이를 반증하지 못하면
다시는 알려주지 않는다.

不憤不啓　不悱不發
擧一隅　不以三隅反　則不復也
불분불계　불비불발
거일우　불이삼우반　즉불부야

－〈술이편〉 8

'공부를 잘한다'는 것은 어떤 것일까? 우리는 대개 이를 성
적과 일치시키는 경향이 있는데, 성적이 좋은 것이 반드시 학

습 능력과 비례하지는 않는다. 시험 답안을 잘 찾는 연습만
한 사람은 '자기주도 학습 능력'이 좋지 않은 경우가 많다. 성
적이 좋은 명문대 학생인데 무엇 하나 스스로 결정하지 못하
고 부모나 교수에게 기대는 경우가 있다고 하니, 그 학생은
필시 수동적으로 공부하고 시키는 대로만 학창 시절을 보냈
음이 분명하다.

배우는 사람은 주체적으로 배우고자 해야 한다. 그리고 가
르침의 자세는 그 열망에 부응하는 것이다. 결국 가르침은 물
긷는 법을 일러주고 물가로 인도하는 것이지, 물을 떠서 먹여
주는 것이 아니다. 먹여주는 물만 먹은 사람은 먹여주는 사람
이 없으면 물도 못 먹는다. 주체적인 태도를 갖지 못하는 것
이다. 배움의 자세는 물을 먹고자 하는 열망을 갖는 것이다.
열망이 있다면 반드시 가르쳐야 하며, 열망이 없으면 가르치
지 않는다.

배우고자 하는 열망이 있는데 가르치지 않거나, 물을 떠서
먹여주기만 하는 사람을 좋은 스승이나 선배로 삼기 어렵다.
가르치지 않는 선배는 실은 가르칠 능력이 모자라는 경우가
많을 것이고, 물을 떠서 먹여주기만 하는 선배는 휘하에서 벗
어나지 못하게 하려는 속셈이 있을 수도 있다. 예를 들면, 직

장에서 후배에게 핀잔만 주는 선배는 전자, 모든 것을 일일이 손수 챙겨주는 선배는 후자라고 할 수 있다.

우리는 모두 누군가의 제자고 후배며, 한편으로는 스승이고 선배다. 제자, 후배의 자리에 있다면 배우려는 열망을 가지면 된다. 스승, 선배의 자리라면 열망을 품은 제자와 후배를 반드시 가르쳐야 한다. 열망은 배움의 태도고, 가르침은 의무다. 그러고 보면 제자-스승, 후배-선배의 관계는 태도-의무라고 볼 수 있다. 제자와 후배는 태도를 갖춰야 한다. 스승과 선배는 의무를 져야 한다.

> ♨ 생각해보기
>
> 그는 제자와 후배로서 태도를 갖추고 있는가?
> 그는 스승과 선배로서 의무를 지고 있는가?
> 나는 또 어떤가?

세상의 모든 제자와 후배여, 태도를 갖출지어다.
세상의 모든 스승과 선배여, 의무를 질지어다.

솔선하라, 일하라, 게으르지 마라

—

자로: 다스리는 좋은 법이 있는지요?

공자: 먼저하고, 일해야 한다.

자로: 더 듣고 싶습니다.

공자: 게으름이 없도록 하라.

子路問政 子曰 先之勞之

請益 曰 無倦

자로문정 자왈 선지노지

청익 왈 무권

—〈자로편〉1

공자와 자로의 이 문답에서 '다스림'을 특별한 사람이 나라를 통치하는 것으로만 이해하지 말자. 물론 자로는 그 뜻으로 물었지만 말이다.

다스림은 나라(사회)뿐 아니라 집 같은 작은 곳에도 있다. 혈연이나 혼인으로 맺어진 관계에서든 사회적 관계에서든 다스리는 자는 모두 지도자다.

지도자는 지시하는 자이면서도 먼저 행하는 자여야 한다. 지도자가 먼저 행함으로써 구성원은 지시하지 않아도 자기의 일을 행한다. 지도자가 유희에 빠지지 않고 부지런히 일하면 구성원은 자기 몸과 마음의 수고로움을 원망하지 않는다.

한 가지 더 붙여보자. 바로 게으름 피우지 않는 것이다. 솔선하고 부지런 떨다가 중간에 싫증이 나서 게으름을 피우면 물거품이 된다. 자로는 성격이 괄괄하고 행동이 앞서는 사람이다. 진득하지 못하고 꾸준하지 못해 금방 싫증을 낸다. 그래서 공자가 "게으르지 마라!"라고 맞춤 처방을 내렸다. 의욕적으로 일하다가 중간에 시들해지고는 급기야 일을 그만두는 경우가 많은 우리에게도 유효한 처방이다.

내가 속한 공동체의 지도자를 떠올려보자.
그는 솔선하고, 실제로 일하며, 게으름 피우지 않는 사람인가? 아니면 뒤에서 서성이며, 일하지 않고, 금방 싫증을 느끼는 사람인가? 전자라면 좋은 지도자를 둔 것이고, 후자라면 그 곁의 나는 힘들고 슬플 것이다.

🕯️ **생각해보기**

대한민국 대통령은 전자인가? 후자인가?

우리 동네 의원은 전자인가? 후자인가?

우리 회사 사장은 전자인가? 후자인가?

우리 부서 부장은 전자인가? 후자인가?

우리 동아리 회장은 전자인가? 후자인가?

선배로서의 나는 전자인가? 후자인가?

지도자의 자리에 있는 모든 자여, 솔선하라! 일하라! 게으르지 마라!

곧고 굽음에 따라
들어 올리고 버릴지어다

—

번지 : 인이란 무엇인가요?

공자 : 사람을 사랑하는 거지.

번지 : 지혜란 무엇인가요?

공자 : 사람을 아는 거지.

번지가 어리둥절하다.

공자 : 곧은 사람을 들어 올리고 굽은 사람을 버리면
굽은 사람도 곧게 할 수 있느니라.

樊遲問仁　子曰　愛人

問智　子曰　知人

樊遲未達　子曰　擧直錯諸枉　能使枉者直

번지문인　자왈　애인

문지　자왈　지인

번지미달 자왈 거직조저왕 능사왕자직

— 〈안연편〉 22

인仁은 한마디로 정의할 수 없는 개념이지만 사람을
떠나서는 이야기할 수 없다. 인의 주체도 사람이고, 대상도
사람이다. 인은 사람을 사랑하는 것이다. 상대를 포용하고 끌
어안는 모습이다. 인을 확대하고 원리적으로 이해하는 성리
학에서는 인에 초월적이고 이지적 성격도 부여하지만 적어
도 공자에게는 사람을 뗀 인은 있을 수 없다. 지혜도 마찬가
지다. 지혜의 주체도 사람이고, 대상도 사람이다. 지혜는 사
람을 분석하고 이해하며 아는 것이다. 인과 지는 모두 사람에
게 초점이 맞춰져 있다고 볼 수 있다.

번지는 인과 지혜가 서로 어긋난다고 생각했다. 사람을 구
분하고 버리는 것은 인이 될 수 없다고 여긴 것이다. 그래서
공자는 인과 지혜가 서로 어긋나지 않음을 거듭 설명해준다.

'곧은 자는 들어 올리고 굽은 자는 버림'은 사람을 정직한
사람과 부정한 사람으로 구분하고 그에 따라 조치하는 것이
기에 지혜에 속하는 일이다.

I 어른다운 어른이 된다는 것   37

그렇다면 바로 곧은 자와 굽은 자를 헷갈리지 않고 제대로 구분하고, 곧은 자를 들어올리고 굽은 자를 버리는 조치를 한다고 생각해보자. 그러면 굽은 자도 들어올려지기 위해 곧은 자를 본받아 스스로 곧게 하려고 할 것이다. 굽은 자가 스스로 곧게 되도록 하는 것이 바로 인이다. 결국 지혜를 제대로 발휘하고 실행하는 게 바로 인을 베푸는 것이 된다.

　한편 또 다른 조치로 "곧은 자를 들어서 굽은 자 위에 놓으면 굽은 자들이 곧게 된다"라고도 해석할 수도 있다. 결국 굽은 자를 버리는 게 아니라 굽은 자를 품는 게 지도자의 역할이다. 어느 세상에 곧기만 한 자가 있겠는가. 세상 거의 모든 사람은 굽었다. 세상 대부분을 버리고 어떻게 세상이 돌아가겠는가.

　굽은 자를 곧게 하는 방법은 간단하다. 인적 구성을 할 때 곧은 자를 앞과 위에 두면 뒤와 아래에 있는 굽은 자들은 곧음을 따라 하기 마련이다. 어찌 되었든 곧은 자와 굽은 자를 구분하고 선후와 고하에 맞게 배치하는 게 지도자에게 반드시 요구되는 지혜와 사랑이다.

　지혜로 알아보는 것이 아니라 혈연, 지연, 학연, 친밀도에 따라 사람을 들어 올리고 내친다면 굽은 자가 판칠 것이고 그런 공동체는 반드시 망하리라.

A: 곧은 자를 들어 올리고 굽은 자를 버림.
B: 곧은 자를 버리고 굽은 자를 들어 올림.
C: 인연에 따라 들어 올리고 버림.

🔥 **생각해보기**

대한민국 대통령은 A인가? B인가? C인가?
우리 동네 의원은 A인가? B인가? C인가?
우리 회사 사장은 A인가? B인가? C인가?
우리 부서 부장은 A인가? B인가? C인가?
우리 동아리 회장은 A인가? B인가? C인가?
선배로서 나는 A인가? B인가? C인가?

지도자의 자리에 있는 자여, 곧고 굽음에 따라 들어 올리고 버릴지어다!

'바람'이 되어라

一

계강자가 공자에게 정치에 대해 물었다.

계강자 : 만약 무도한 자를 죽임으로써 도가 있는 곳으로

이르려고 한다면 어떤가요?

공자 : 그대가 남을 다스림에 있어서 어찌 죽임을

사용하려고 하는가? 그대가 선하고자 하면 백성은

선하게 된다. 군자의 덕은 바람이고 소인의 덕은 풀이다.

풀 위로 바람이 불면 풀은 반드시 눕기 마련이다.

季康子問政於孔子曰

如殺無道 以就有道 何如

子爲政 焉用殺 子欲善 而民善矣

君子之德 風 小人之德 草 草上之風 必偃

계강자문정어공자왈

여살무도 이취유도 하여

자위정 언용살 자욕선 이민선의

군자지덕 풍 소인지덕 초 초상지풍 필언

- 〈안연편〉 19

지도자는 남을 다스리는 사람으로, 신분이나 직위로
만 이해할 필요가 없다. 크든 작든 조직에서 선배면 그 조직
의 지도자다. 우리는 누구나 형 혹은 언니고, 반드시 후배를
데리고 있다. 동생과 후배에 대해서는 싫든 좋든 지도자다.
지도자는 후천적으로 주어지거나 획득되는 권력이 아니라
선천적으로 짊어져야 하는 사회적 의무인 셈이다.

지도자의 말과 행동은 구성원의 말과 행동에 영향을 미치
고, 지도자의 마음과 욕구는 구성원의 마음과 욕구를 움직
인다.

구절 속 계강자는 두 가지 측면에서 지도자로서의 미숙함
을 보였다.
첫째는 정당한 목표를 위해 부당한 수단을 쓰려 했다. 목표
가 수단을 정당화할 수 있느냐는 해결되지 않은 논쟁이다. 무

도한 자가 공동체에 폐해를 끼치고 있을 때 어떻게 할 것인가? 큰 악을 막기 위해 작은 악을 허용할 것인가? 정의 실현을 위한 전쟁이 가능한가? 이런 딜레마는 매우 현실적이고, 우리는 사는 동안 이런 선택에서 허우적거린다. 그런데 이 딜레마에 놓인 선택은 개인 차원이 아니라 지도자의 선택이라는 데 초점이 있다. 지도자는 어떤 선택을 해야 할 것인가? 지도자가 정당함이라는 목표를 위해 부당한 수단을 쓴다면 구성원은 수단 자체에 영향을 받아 부당함을 당연하게 받아들이게 된다. 모든 부당한 행위는 정당한 이유나 목표로 포장되어 어쩔 수 없음을 강요한다.

둘째는 씀(용用)을 실행하려 했다. 지도자는 실무자가 아니다. 지도자의 말과 행동은 보여주지 않아도 드러나기 마련이다. 그러니 지도자는 이를 직접적으로 보여주기보다 방향을 제시하고 마음을 보여주면 된다. 지도자가 바른 마음과 욕구를 지니고 있다면 구성원은 그 마음과 욕구를 저절로 알아차리고 받아들인다. 지도자는 말과 행동 이전에 선한 마음과 욕구를 지니고 있는지 돌아봐야 한다.

초원의 꼿꼿이 선 풀들을 떠올려보라. 손이나 도구로 풀을 눕힐 수는 있겠으나 초원의 아주 작은 부분만 눕힐 수 있을 뿐이고 그마저 시간이 조금 지나면 다시 고개를 든다. 그런데 바람이 풀 위를 스치면 풀은 일시에 고개를 숙인다. 풀이 바람에 몸을 맡기듯 자녀는 부모를 닮고, 제자는 스승을 본받고, 후배는 선배를 따른다. 그래서 부모, 스승, 선배는 지도자로서 정당한 목표를 내세우며 부당한 수단을 쓰지 말고, 이들이 따를 수 있도록 방향과 마음을 보여줘야 한다. 옳지 않은 방향과 이기적 마음을 지닌 지도자는 이를 행하지 못할 것이니 강제·제도·규율을 우선하려 할 것이다.

🔥 **생각해보기**

대한민국 대통령은 지도자로서 어떠한가?
우리 동네 의원은 지도자로서 어떠한가?
우리 회사 사장은 지도자로서 어떠한가?
우리 부서 부장은 지도자로서 어떠한가?
우리 동아리 회장은 지도자로서 어떠한가?
선배로서 나는 지도자로서 어떠한가?

세상의 모든 지도자여, '바람'이 되어라!

나의 지도자는 어떠한가?

—

천승의 나라를 이끌려면 정성스럽게 일하여 믿음을
주어야 한다.
쓰는 것을 절도 있게 하고 사람을 친밀하게 대해야 하며
때에 맞추어서 백성을 동원해야 한다.

道千乘之國　敬事而信
節用而愛人　使民以時
도천승지국　경사이신
절용이애인　사민이시

-〈학이편〉5

지금은 천승*의 나라 개념이 없으니 '천승의 나라를 이
끈다'를 '큰 집단을 이끈다'로 읽어보자. 집단을 이끄는 사람

을 리더라고 한다. 이를 군자, 대인, 어른 등으로 표현할 수도 있지만 여기서는 지도자라고 하겠다. 위의 말에 의하면 지도자는 다섯 가지 조건을 갖춰야 한다. 이 다섯 가지는 너무도 당연한 지도자의 조건이지만 잘 지켜지지 않아 공자가 다시 강조한 이야기다.

첫째, 정성으로 일해야 한다. 지도자는 일하는 사람이다. 지도자는 일하지 않을 수 없다. 편하려고 지도자가 되고 싶었다면 일찌감치 포기해야 한다. 지도자는 구성원이 일을 할 수 있도록 세세한 부분까지 결정하는 일을 한다. 당연히 일이 더 많고 더 어렵다.

둘째, 구성원에게 믿음을 줘야 한다. 일의 결정에 요구되는 자세가 바로 공경이고 정성이다. 지도자가 공경으로 일을 결정하면 구성원은 그 일에 대해 믿음을 갖고 지도자를 믿게 되지만, 일을 불경不敬으로 결정하면 일에 불신을 갖고 지도자를 믿지 않는다.

셋째, 쓰는 것을 절도 있게 해야 한다. 지도자는 그 집단의

---

* 수레 천대를 갖출 힘이 있다는 뜻으로, 제후를 이르는 말.

재무를 결정하는 사람이다. 한 집단의 힘이 기우는 건 살림살이부터다. 대체로 지도자가 쓰임을 낭비하거나 사적 이득을 취할 때 그 집단은 망하게 된다. 아끼는 게 낭비보다 낫기는 하지만 그렇다고 아끼기만 한다면 집단은 발전하지 못한다. 써야 할 곳에 써야 할 만큼 쓰고, 쓰지 않을 곳에 쓰지 않는 것이 절도다.

넷째, 구성원을 친밀하게 대해야 한다. 사람의 재능이나 유용성을 아껴야 하는 것은 물론이다. 그러나 재능과 유용성이 있는 사람만 친밀하게 대한다면 좋은 지도자가 아니다. 지도자는 유용성의 차원에서만 구성원을 평가하여 보듬어서는 안 된다. 재능 없는 사람, 능력이 조금 모자란 사람, 도움이 필요한 사람들도 친밀함의 대상이다.

다섯째, 조직과 구성원을 때와 상황에 맞춰 운영해야 한다. 전통 사회에서는 농사철을 피해서 백성을 부역에 동원했는데, 그것을 '때에 맞춰 백성을 부린다'라고 한다. 현대적으로 해석한다면 집단 구성원에게 일을 부릴 때 상황, 조건, 시기를 살피라는 의미가 된다. 능력, 재능, 소질 등은 개인에게 속한 것이지만 그 재능은 상황, 조건, 시기에 따라 발휘되기도 하고 묻히기도 한다. 지도자는 개인적인 재능과 함께 상황,

조건, 시기도 살펴 적절히 자리를 배치해야 한다.

　누구나 지도자가 되고 싶어 하지만 누구나 좋은 지도자가 되기는 쉽지 않다. 하지만 우리는 관계 속에서 누구나 크든 작든 어느 모둠에서든 지도자가 될 수 있다. 아니 지도자가 될 수밖에 없다. 그럴 때, 위의 다섯 가지를 기억하여 실행한다면 공동체는 번영할 것이고 추앙받는 지도자가 될 것이다.

🔥 생각해보기

대한민국 대통령은 지도자로서 다섯 가지 조건을 다 갖추고 있는가?

우리 동네 의원은 어떠한가?

우리 회사 사장은 어떠한가?

우리 부서 부장은 어떠한가?

우리 동아리 회장은 어떠한가?

나는 어떠한가?

군자의 네 가지 길

—

군자의 도가 네 가지 있다.

자신을 움직일 때는 공손하고, 윗사람 섬길 때는
공경하고, 백성을 기름에는 은혜로우며, 백성을
부림에는 의로워야 한다.

有君子之道四焉

其行己也恭　其事上也敬　其養民也惠　其使民也義

유군자지도사언

기행기야공　기사상야경　기양민야혜　기사민야의

－〈공야장편〉 15

이 구절은 공자가 자산子產이라는 사람의 군자다움을
네 가지로 요약하여 칭찬한 말이다. 자산은 통치를 한 정치가

다. 군자를 명확히 정의할 수는 없지만, 자산에 대한 이 평을 통해 통치하는 사람, 즉 지도자가 갖춰야 할 자세나 태도를 생각해볼 수 있다.

첫째는 자기 자신에 대한 태도다. 자기자신을 움직일 때(행기行己)는 공恭, 즉 자신을 낮추어 겸손하게 하는 것이다.

둘째는 윗사람에 대한 태도다. 윗사람을 섬길 때(사상事上)는 경敬, 즉 살펴서 삼가는 것이다.

셋째는 백성을 기르는 태도다. 백성을 기를 때는 혜惠, 즉 은혜를 베푸는 데 있다.

넷째는 백성을 부리는 태도다. 백성을 부릴 때는 의義, 즉 정의롭게 하는 데 있다.

여기서 지도자의 행위가 넷이고 덕목이 넷이다. 다음에 나오는 표를 살펴보자. 앞의 두 행위는 지도자뿐만 아니라 모든 사람에게 해당하고, 뒤의 두 행위는 지도자와 같은 특정한 사회적 위치에 있는 사람에 해당한다. 네 행위는 선후, 경중의 관계를 갖는다.

행위와 덕목(지향)

행위	덕목	비고
자기 몸을 움직임 (행기行己)	낮추고 겸손함 (공恭)	모든 사람에 해당
윗사람을 섬김 (사상事上)	정성으로 높임 (경敬)	
백성을 살피고 기름 (양민養民)	이득이 되도록 은혜를 베풂(혜惠)	지도자 자리에 있는 사람에 해당
백성을 부리어 씀 (사민使民)	명분과 정의에 맞춤 (의義)	

　지도자뿐 아니라 모든 사람이 갖춰야 할 행위와 덕목에는
자기 몸을 움직이고, 윗사람을 섬기는 것이 있는데, 먼저 자
기 몸을 낮추고 겸손할 줄도 알아야 윗사람을 섬길 수 있다.
즉, 자기 몸을 움직이는 것을 윗사람을 섬기는 것보다 우선시
하고 중요하게 여겨야 한다.

　이 행위와 덕목까지 갖춰야 지도자로서의 태도도 보일 수
있다. 그렇기에 자기 몸을 움직이고, 윗사람을 섬기는 것이
백성을 보살피고 부리는 것보다 먼저고 중요하다. 즉, 모든
사람이 갖춰야 할 덕이 먼저고 중요하며, 특정한 사회적 위치
에서 갖춰야 할 덕은 나중이고 상대적으로 덜 중요하다.

일반인은 자신과 가족, 친인척, 이웃을 상대하고 지도자는 그에 더해 백성도 상대한다. 가족, 친인척, 이웃 등은 정감적 관계지만 백성은 정감을 기반으로 하되, 손익과 계산의 대상이기도 하다.

자산은 지도자로서 백성을 대하는 데, 보살피고 기르는 것을 먼저 생각하고 중요하게 여겼다. 보통의 지도자는 백성을 부림의 대상으로 여기기 마련이지만 자산은 그전에 기름의 대상으로 본 것이다.

기름의 태도는 베풂(惠惠)이다. 백성은 사랑해야 할 대상이고 이롭게 해야 할 존재다. 백성을 사랑하고 이롭게 해야 기르는 것이다. 즉, 먼저 백성을 길러야 부릴 수 있다.

회사를 놓고 보자. 사장만이 지도자가 아니라 부장, 과장, 대리, 선배 모두 지휘하는 위치다. 지휘, 지시의 대상과 범위, 재량에 차이가 있기는 하다. 사장은 전 사원을 부림의 대상으로 여기기 전에 길러야 할 대상으로 봐야 한다. 직원뿐 아니라 직원의 가족까지 말이다. 부장도, 과장도, 대리도, 선배도 마찬가지다. 아랫사람을 부리기 이전에 그에게 사랑과 은혜를 주어라. 그러면 잘 따를 것이다.

부림은 상황과 여건에 맞는 명령, 지시여야 하고, 그게 바로 의義다. 의는 일종의 법령이나 제도로 시행되는데, 어떤 법령이나 제도든 목적으로 쓰여서는 안 되고 의를 실현하는 방편이나 도구로 쓰여야 한다. 법령, 제도는 가변이지만 의는 불변이다. 지도자로서의 군자다움은 백성을 은혜롭게 하고 상황에 맞는 지시를 하는 데 있다.

행기, 사상, 양민, 사민. 자산은 이 네 가지를 잘했다. 이 네 가지는 수신修身, 제가齊家, 치국治國과 다르지 않다. 수신은 백성에서 천자에 이르기까지 모든 사람에게 근본이 되는 수양이고, 제가는 어른이 되어 한 가정을 이룬 사람이면 갖춰야 하는 수양이다. 그리고 집단의 지도자라는 자리에 있다면 치국해야 한다. 이때 국國을 꼭 나라로 생각하지 말고 집단이나 사회, 공동체라고 보면 된다.

군자가 귀하게 여기는 세 가지

—

군자가 귀하게 여기는 것이 세 가지다.

몸을 움직일 때는 거칠고 방자함을 멀리한다.

얼굴빛을 바르게 할 때는 믿음직스럽게 한다.

말하고 숨을 쉴 때는 비루함을 멀리한다.

君子所貴乎道者三

動容貌 斯遠暴慢矣

正顔色 斯近信矣

出辭氣 斯遠鄙倍矣

군자소귀호도자삼

동용모 사원폭만의

정안색 사근신의

출사기 사원비배의

－〈태백편〉4

사람 내면의 감정과 생각은 몸, 얼굴, 말을 통해 밖으로 드러난다. 특히 지도자는 내면을 통해 구성원에게 미치는 영향과 책임이 크기 때문에 이를 드러내는 데 더욱 신중해야 한다. 이 구절은 지도자의 자리에 있는 사람이 몸, 얼굴, 말을 어떻게 하면 좋은지에 대한 조언이다.

그중에서도 몸과 말은 내면의 메시지가 즉각적으로 드러나기에 멀리해야 할 태도가 있다. 몸의 움직임은 상대가 직접적으로 그 뜻을 알 수 있다. 폭력적이거나 방자한 움직임은 상대에게 경계와 대립을 일으킨다.

말을 통해서도 뜻을 알게 된다. 비루한 말은 자기의 잘못을 가리려는 것이고, 둘러대는 말은 여차하면 배반할 수도 있음을 암시한다.

얼굴빛에도 뜻이 담기기 마련이다. 얼굴빛은 상대가 의미를 읽어내야 하기에 가깝게 해야 할 태도가 있다. 찡그린다면 불만이 있는 게고, 억지 미소를 짓는다면 내키지 않는다는 의미다. 믿음직스러운 얼굴빛을 드러내야 상대가 편안하다.

몸, 얼굴 말 모두 수신修身의 구체적 대상이다. 수신은 자신을 닦는 것이다. 자기의 몸, 자기의 얼굴, 자기의 말을 벗어나 수신할 수 없다. 수신의 핵심이며 타인과의 접점이다.

지도자라면

군자가 경계할 것
세 가지

—

군자는 세 가지 경계할 것이 있다.

어려서는 혈기가 정해지지 않았으므로 성욕을 경계해야

한다.

장성해서는 혈기가 한창이므로 싸움을 경계해야 한다.

늙어서는 혈기가 쇠하므로 소유욕을 경계해야 한다.

君子有三戒

少之時 血氣未定 戒之在色

及其壯也 血氣方剛 戒之在鬪

及其老也 血氣旣衰 戒之在得

군자유삼계

소지시 혈기미정 계지재색

급기장야 혈기방강 계지재투

급기노야 혈기기쇠 계지재득

- 〈계씨편〉 7

혈기는 세월이 흐름에 따라 성장과 노쇠의 과정을 겪는다. 이 변화에 따라 욕망의 경향성도 변하기 마련이다. 혈기의 욕망을 그대로 따르면 그곳은 자연 세계지 인간 세상이 아니다. 인간 세상 속의 사람은 혈기의 욕망을 일정하게 조절해야 하는데, 이 욕망을 조절하는 도덕적 기운을 지기志氣라고 한다.

혈기가 자연적 욕망이라면 지기는 인문적 수양이다. 지기가 없다면 혈기에 부림을 당해서 폐해가 생긴다. 위 구절은 혈기를 조절하지 못하고 부림을 당할 때의 폐해 세 가지를 혈기의 시간적 순서에 따라 나열하며, 지기로 조절해야 함을 은연중 강조하고 있다.

혈기로부터 발생하는 문제는 색色, 투鬪, 득得이다. 색은 성적 욕망이고, 투는 자신의 주장을 관철하려는 과정에서 나오는 싸움이고, 득은 무엇이든 가지려고 하는 소유욕이다.

이 욕망들은 본능이어서 목석이 아닌 이상 완전히 없앨 수는 없다. 그러니 없애는 것이 아니라 조절하는 게 인간다움이다. 본능을 조절하기 어려울 정도의 갓난아기가 아닌 이상 본능에 따른 모든 행위를 비난할 수도 없지만 그 행위가 면책이 되는 것도 아니다. 즉, 욕망 자체가 문제가 아니라 나의 욕망 표출이 타인의 욕망과 부딪히는 그 지점을 넘으려 하기에 문제가 발생한다.

예나 지금이나 혈기로 인해 경계해야 할 게 다르지 않아 보인다. 젊어서는 성적 욕망에 눈뜨는 시기다. 자연스러운 현상이다. 그 시기에는 욕망이 없는 게 문제다. 성적 욕망은 축복이고 즐거움이다. 다만 자신의 정신, 심정, 몸 그리고 뜻을 해칠 정도로 분출해서는 안 된다. 또한 자기의 성적 욕망으로 인해 타인의 것 또한 해칠 정도로 두어서도 안 된다.

성인이 되어서는 자신을 드러내고 자신의 의지를 관철하기 위한 욕망이 분출된다. 혈기가 강한 시기이기 때문에 자신의 욕망과 부딪히는 상대와 우선 싸우려고 한다. 싸움은 몸싸움만 뜻하는 게 아니다. 논쟁, 투쟁, 술수 등을 모두 포함한다. 그 시작은 정의로울 수 있으나 모든 싸움의 끝은 부정의도 함께 낳는다. 또한 싸움을 피하려고만 하는 것도 문제지만 싸움으로만 해결하려는 것도 문제다. 싸움이 명분을 얻었으면 그것에서 그쳐야 한다. 싸움은 상대의 것을 빼앗는 게 아니라 나의 위치를 바로잡음을 목표로 해야 한다. 멈춰야 할 때 멈춰라!

노인이 되어서는 노쇠해진 혈기를 다른 것으로 채우려 하다 보니 무작정 소유욕이 생긴다. 이 또한 그 자체를 부정할 수 없고 부정될 필요도 없다. 다만 나의 욕망도 남의 욕망과 만나는 그 지점까지만 허용된다. 그리고 소유는 필요에 따른 만큼만 있으면 된다. 소유하고 있다는 자체의 만족과 행복감도 있겠으나 그 또한 지나치면 더 커지는 욕망을 채우기 위해 남의 욕망의 경계선을 넘지 않을 수 없게 된다.

혈기는 세월이 흐름에 따라 변하지만 지기는 세월이 가도 변하지 말아야 하고, 더 굳세져야 한다. 혈기를 따르는 자가 아니라 혈기를 지기로 조절하는 자가 지도자다.

군자와 소인

주관을 잃지 말고
타인과 조화하라

—

군자는 조화하고 부화뇌동하지 않으며
소인은 부화뇌동하고 조화하지 않는다.

君子 和而不同 小人 同而不和
군자 화이부동 소인 동이불화

-〈자로편〉23

'동이불화', '부화뇌동附和雷同'은 주견 없이 남의 의견에
따라 행동하는 것이다. 주체성이 낮고 자신의 의견이랄 것도
없거나, 주체성이 높고 자신의 의견이 있더라도 사사로운 이익
추구를 위해 자신을 감추고 남의 의견에 동조하는 것이라고도
할 수 있다. 그런 사람들의 공동체는 뜻이 일치하고 서로 공감
하여 편안하고 멋있어 보인다. 그런데 그 속을 들여다보면 각

자가 자신의 이익을 감추고 있고, 언제든지 이익에 따라 뜻을 달리하고 있다. 그 공동체는 조화되지 못하고 곧 무너진다.

화이부동, 자신의 의견이 뚜렷하고 사사로운 이익으로부터 부끄러움이 없어야 남의 의견을 잘 받아들이고 서로 다른 뜻을 적절히 조화할 수 있다. 남들과 화목하게 지내면서도 주관을 잃지 않는 사람들의 공동체는 의견이 분분하여 소란스럽게 보인다. 그런데 속을 들여다보면 각자의 의견이 허용되고 서로를 존중해주어 더 발전하게 된다.

생태계는 다양한 생명들이 저마다의 생명 활동이 가능해야 건강하다. 하나의 품종이 지배하는 생태계는 결국 재앙을 맞는다.

사회도 다양한 의견들과 사람들이 저마다의 뜻에 따라 주체적 삶을 살아야 건강하다. 하나의 뜻(주의, 이념)에 매몰되면 개인의 인간다움도 보장할 수 없고 사회도 무너진다.

🍵 생각해보기

그는 화이부동하는가? 동이불화하는가?
나는 화이부동하는가? 동이불화하는가?

군자와 소인

아름다움은 물든다

—

군자는 타인의 좋은 면은 이루어지도록 하고,
나쁜 면은 이루어지지 않도록 한다.
소인은 이와 반대로 한다.

君子 成人之美 不成人之惡
小人 反是
군자 성인지미 불성인지오
소인 반시

-〈안연편〉16

모든 사람은 각기 좋고 아름다운 면이 있고, 모자라고
미운 면이 있다. 장점, 단점이라 말해도 좋지만 아름다움, 미
움이라고 표현했다. 장점, 단점은 개인적 차원으로 읽히지만

아름다움과 미움은 관계 속에서 규정된다.

아름다움과 미움은 일종의 가능성이다. 장점이 실현되면 아름답고, 단점이 실현되면 밉다. 아름다움과 미움은 물든다. 타인을 아름답게 함으로써 자신과 주변이 아름답게 되고, 타인이 밉게 됨으로써 자신과 주변이 추해진다. 내 곁에 있는 사람의 장점을 시기하는지 혹은 발휘되도록 돕는지 나를 돌아보면 내가 좋은 사람인지 아닌지 알 수 있다. 나는 남의 아름다운 면을 봐주고 있을까?

기억하라. 남이 아름답도록 이끌어주는 게 나의 아름다움을 이루는 것이다. 남의 미움을 좋아하면 스스로 밉게 되는 것이다. 아름다움과 미움은 독립적이지 않고 관계적이다.

군자와 소인

평탄한 마음을 갖춰라

—

군자는 평탄하여 너그럽고 소인은 항상 근심한다.

君子 坦蕩蕩 小人 長戚戚
군자 탄탕탕 소인 장척척

- 〈술이편〉 36

주위를 둘러보자. 마주하면 마음이 편해지고, 나의 말을 잘 들어주기도 하고, 이런저런 실수도 너그럽게 끌어안아 주는 사람이 있다. 그런가 하면 걱정과 근심에 늘 안정적이지 못하여 그를 대하면 덩달아 불안해지고, 말을 섞기도 꺼려지는 사람도 있다.

마음이 평탄하거나 걱정에 빠지는 것이 심리학적 혹은 정신의학적 문제일 수도 있다. 그런데 여기서 말하고자 함은 도덕적 떳떳함으로부터 오는 평탄한 마음과 포용이다. 내면이 떳떳한 사람은 주변에 사람이 모인다. 편안함을 느끼고 너그럽게 끌어안아주기 때문이다.

> 🍵 **생각해보기**
>
> 내 주위에는 사람이 모이는가?
> 혹시 사람들이 내게서 떨어지려고 하지는 않는가?

군자와 소인

자신에 대해

—

군자는 자신에게서 찾고 소인은 남에게서 찾는다.

君子 求諸己 小人 求諸人
군자 구저기 소인 구저인

−〈위령공편〉20

의미를 이해하기 쉽지 않은 구절이다. '무엇'을 찾는 것인지도 잘 모르겠다. 문맥을 고려할 때 '무엇'은 어떤 문제 상황의 근원 혹은 발단이나 부차적 원인이라고 볼 수 있다. 그렇다면 이 구절은 어떤 문제 상황이 생겼을 때 그 근원을 누구에게서 찾으려 하는가를 기준으로 사람을 평가하는 말이다.

군자는 문제가 크든 작든, 자신이 직접적으로 관련되어 있든 아니든 우선은 자신을 돌아보고, 자신에게서 원인을 찾으려 한다. 소인은 이와는 반대로 남에게서 원인을 찾으려 한다. 자신에게서 비롯된 문제는 자신의 의지와 노력으로 고칠 수 있지만, 남에게서 비롯된 문제는 자신이 바로잡기 어렵다. 그래서 남에게서 원인을 찾다보면 비난과 원망이 춤추기 마련이다.

사실 이 구절은 "군자는 자신의 무능을 병으로 여기지 남이 자신을 알아주지 않음을 병으로 여기지 않는다" "군자는 종신토록 이름이 불리지 않음을 싫어한다"라는 《논어》의 구절과 연관해서 설명된다.

군자는 남이 알아주지 않는 것, 나의 이름이 불리지 않는 원인을 모두 자신에게서 찾는다. 세상, 사회가 나를 알아주지 않고 불러주지 않음은 세상과 타인의 부족이 아니라 나의 부족 때문이라고 스스로 돌이키는 게 군자다.

지금까지 살펴본 군자와 소인을 모두 대조해본 표다. 모든 면에서 군자일 수는 없겠지만 특정 측면에서는 소인보다 군자에 가까워야 한다.

~에 대해 *사람 유형*	군자	소인
공동체	화목하되 주관을 잃지 않음 (화이부동和而不同)	주체성이 없이 남의 의견에 동조함 (동이불화同而不和)
사람	남을 더 아름답게 하고, 단점은 이루어지지 않게 함 (성인지미成人之美 불성인지오不成人之惡)	남을 시기하고, 단점을 봄 (성인지오成人之惡 불성인지미不成人之美)
마음	마음이 평탄하여 너그러움 (탄탕탕坦蕩蕩)	항상 근심함 (장척척長戚戚)
문제의 원인	자신에게서 찾음 (구저기求諸己)	남에게서 찾음 (구저인求諸人)

🔥 **생각해보기**

그가 그나마 군자답다고 할 수 있는 측면은 있는가?

나는 그나마 어느 측면에서 가장 군자답다고 할 수 있을까?

전혀 군자답지 못한 나의 측면은 무엇일까?

Ⅱ　　　말에는 사람이
　　　담긴다

말솜씨도 중요하지만

—

공자가 말했다.

"말을 듣기만 좋게 하고 얼굴빛을 곱게만 꾸미고자 하는
사람치고 어진 사람이 드물다!"

子曰

巧言令色 鮮矣仁

자왈

교언영색 선의인

-〈학이편〉3

사람, 특히 지도자의 자리에 있는 사람의 말이나 외모
도 가볍게 여길 것은 아니지만 더욱 중요한 것은 그가 갖추고
있는 인仁이다. 말과 외모보다 타인을 대하는 사랑의 감정과

진솔한 태도를 갖춰야 지도자라고 할 수 있다.

공자가 살던 시대에도 말을 기름지게 잘하고, 외모를 빛나게 꾸미는 사람들이 눈에 띄었던 모양이다. 공자는 말 잘하기, 외모 꾸미기에만 힘쓰지 말라고 에둘러 경계한다. 내면의 덕 혹은 인간의 본모습, 인간다움의 근거인 인에 소홀할까 싶어서다.

사실 잘난 말솜씨와 잘난 외모가 인과 대척점에 있지는 않다. 말 잘한다고 해서 못되거나, 인품이 좋다고 해서 반드시 말을 잘하는 건 아니다. 또 잘난 외모를 갖추었다고 해서 반드시 성품이 안 좋은 것도 아니다. 그래서 말 잘하고 얼굴을 잘 꾸미는 사람 가운데 어진 사람이 '없다(무無)'가 아니라 '드물다(선鮮)'라고 조심스럽게 표현했다.

다만, 인을 버리거나 혹은 인을 뒷전에 두고 말솜씨와 외모를 내세우는 게 바람직한지 생각해봐야 한다. 말솜씨 자랑과 외모 꾸밈은 사람의 사사로운 욕망의 발로여서 도덕성을 잃을 수 있기 때문이다.

말솜씨는 옛날로 치면 웅변과 연설 실력이고 지금으로 치면 프레젠테이션 실력이다. 고대 그리스에는 말 잘하는 법을 가르치는 수사학 과목이 있었고, 1970~1980년대 우리나라에는 웅변 학원이 있었다. 지금은 프레젠테이션 노하우를 찾아 인터넷을 뒤진다.

아름다운 외모의 시대적 기준은 다르겠지만 외모 꾸밈에 대한 관심은 예나 지금이나 매한가지다. 옷이나 화장품으로 외모 치장하는 것은 예전에도 있었겠고, 지금은 아예 얼굴 자체를 새로 꾸미는 성형도 일상화되었다.

지금은 말을 잘하고, 외모를 잘 꾸미는 게 흠이 아니라 권장되고 누구나 추구하는 바가 되었다. 이것이 잘못은 아니다. 다만 말솜씨와 잘난 외모에 대한 논의만 있고 인간다움에 대한 논의가 보이거나 들리지 않음이 걱정이다. 말솜씨와 잘난 외모를 인정해주되, 말솜씨와 잘난 외모에만 그치거나 그것만을 목적으로 삼고 있는지 살펴볼 일이다. 그러고 보니 3,000년 전 공자의 경계는 유통 기한이 아직 지나지 않았다.

인, 외모, 말솜씨는 저마다 타고난다. 인은 일종의 본성이다. 있고 없음, 크기의 차이 없이 모든 사람에게 동등하게 부여된다. 하지만 외모와 말솜씨는 재능의 일종으로 사람마다 타고나는 차이가 있다. 따라서 타고남의 차이가 없는 인으로 사람을 분류할 수는 없으니, 타고남의 차이가 있는 외모와 말솜씨로 사람을 분류해볼 수 있다. 이는 상대적인 면이 있어서 명징하게 구분되지 않으나 논의를 위해 크게 나눠볼 수 있겠다.

유형	말(言)		외모(色)	
	잘함	못함	잘생김	못생김
A	√		√	
B	√			√
C		√	√	
D		√		√

누구나 당연히 A를 가장 선호하고 D이기를 싫어한다. 그런데 A인 사람도 매우 드물고 D인 사람도 매우 드물다. 대부분의 사람은 B 혹은 C에 속한다. 그렇다면 B와 C 가운데 어느 것이 더 나은 편이라고 볼까? 저마다 다른 입장을 가질 수 있겠다.

그를 떠올려보자.

그는 어디에 속할까?

그가 어디에 속하기를 원하는가?

그는 나를 어디에 속한다고 여길까?

나는 어디에 속하고 싶은가?

그런데 우리는 이렇게 타고난 대로 살아가는 것 같지만 실은 각자의 공부와 힘씀으로 살아가기 마련이다. 말 잘하는 재능을 타고났어도 갈고닦지 않으면 그 재능은 실현되지 않는다. 타고난 재능과 재능 실현은 다른 차원의 문제다. 타고 나는 것은 나의 선택이나 재량 밖의 일이고, 실현은 의지와 노력에 달려 있다. 결국 우리는 태어난 대로 살기보다는 각자의 공력으로 살아간다. 어떤 사람이 되느냐는 특히 그렇다. 인, 외모, 말솜씨 모두 소중하지만 힘씀에는 가볍고 무거움에 차이를 두어야 한다.

이제 타고남이 아니라 힘씀을 기준으로 분류해보자.

①: 덕에 힘씀(인仁).

②: 말 잘하기에 힘씀(교언巧言).

③: 외모 꾸미기에 힘씀(영색令色).

그를 다시 떠올려보자.

그는 어떤 사람인가?

그가 어떤 사람이기를 원하는가?

나는 그에게 어떤 사람으로 보일까?

나는 그에게 어떤 사람이 되어야 할까?

사람다움이 중요하다고 말하고, 그에게는 사람다움을

요구하면서 나는 외모와 말솜씨에 더 힘쓰고 있지 않은가?

이제 타고남과 힘씀을 조합해보자.

힘씀 \ 타고남	①(인仁)	②(교언巧言)	③(영색令色)
A	a	b	c
B	d	e	f
C	g	h	i
D	j	k	l

좋은 말솜씨와 멋진 외모도 타고났고 인을 실현하고자 힘
쓰는 경우(a)는 그야말로 최상 중의 최상의 사람으로 부러움
과 존경의 대상이다.

좋은 말솜씨와 멋진 외모를 타고났지만 말 잘하기에만 힘
쓰는 경우(b), 외모 꾸미기에만 힘쓰는 경우(c)는 부러움의 대

상이 될 수는 있지만 존경보다는 시기와 질투의 대상이 되기 쉽다.

좋지 않은 말솜씨와 멋지지 않은 외모를 타고났지만 말 잘하기에만 힘쓰는 경우(k), 외모 꾸미기에만 힘쓰는 경우(l)는 존경의 대상이 되기는 힘들다.

좋은 말솜씨에 멋지지 않은 외모를 타고났으나 인에 힘쓰는 경우(d), 좋지 않은 말솜씨에 멋진 외모를 타고났으나 인에 힘쓰는 경우(g)는 근사한 사람이라고 할 수 있다.

우리 대부분은 말솜씨와 외모 중 하나를 갖추고 말 잘하기나 외모 꾸미기에 힘쓰는 경우(e, f, h, i)에 속한다.

그렇다면 좋지 않은 말솜씨와 멋지지 않은 외모를 타고났으나 인에 힘쓰는 경우(j)는 어떤가?

🔥 생각해보기

그가 j이기를 원하는가 아니면 e, f, h, i이기를 원하는가?
나는 어디에 속할까?
나는 그에게 어떤 사람인가?

듣기 좋은 말은
검증해보아라

—

공자가 말했다.

"말을 듣기만 좋게 하고 얼굴빛을 곱게만 꾸미고 지나친
공손을 좌구명이 부끄러워했는데, 나 또한 이것을
부끄러워한다."

子曰

巧言令色足恭 左丘明 恥之 丘亦恥之

자왈

교언영색주공 좌구명 치지 구역치지

－〈공야장편〉24

말(言言), 외모(색色), 공손(공恭)은 내면이 겉으로 드러
난 상태이며 남에게 나를 보여주는 방식이다. 말, 외모, 행동

을 통해 나를 보여줄 때 각기 유의해야 할 면을 알려주는 글귀다. 말에 있어서는 그럴듯하고 기름지게 말하려는 교巧, 외모에 있어서는 과장된 치장인 영令, 행동에 있어서는 자신을 낮추어 비굴할 정도의 주足다.

교, 영, 주는 모두 지나침이다. 지나치거나 모자라지도 않은 상태를 중용中庸이라고 하는데, 그 중용을 이루고 지키기란 쉽지 않다. 사실 우리는 말, 외모, 행동을 드러낼 때 늘 지나치거나 모자라게 된다.

이 중 바람직한 건 두말할 나위 없이 중용이며, 중용에 이르기 위해 노력해야 하지만 그 중용은 우리에게 참으로 요원하다. 현실적으로 보면 지나침과 모자람 중 어느 하나를 선택하는 게 더 지혜로울 수 있다.

그런데 지나침과 모자람을 선택할 수 있는 걸까? 선택이 가능하다면 말, 외모, 행동에서 지나침과 모자람 중 무엇을 선택하는 게 나을까? '지나친 사람이 모자란 것처럼 하기' '모자란 사람이 지나친 것처럼 하기'가 가능할까? 가능하다면 어느 편이 더 어렵고 쉬울까?

말이 모자란 사람은 억지로 말을 꾸며내지 못하는 경우가 많다. 외모 가꾸기 또한 특별한 일이 아니면 수수한 사람이 지나치게 꾸미기 어렵다. 무뚝뚝한 사람이 넘치게 공손하기 쉽지 않다. 그렇다면 말이든 외모든 공손함이든 모자란 사람이 넘치게 하기는 어려워 보인다.

지나침은 타고남이 특별하거나 많은 공력을 통해 갈고닦아야 가능하다. 가진 건 드러내고 싶은 것이 사람의 욕망이니 타고나든 갈고닦았든, 말을 잘하는 사람이 못하는 것처럼, 외모를 잘 꾸미는 사람이 투박하게, 과하게 공손한 사람이 무뚝뚝한 행동을 보이기도 쉽지 않다.

마치 '부자지만 교만하지 않기', '가난하지만 비굴하지 않기'와 같은지도 모른다. 과연 쉽지 않다. 이러한 사람은 인격자다. 그렇다면 부자면서 가난하게 사는 것, 가난하면서 부자처럼 재물 쓰는 것 중 무엇이 더 어려울까? 가난은 생존의 문제고, 부유는 꾸밈의 문제니 아무래도 생존이 꾸밈보다 근본이고 절실하다.

말이 모자라면 대화하는 사람에게 충분한 정보, 정확한 내용이 전달되지 않기에 소통이 원활치 않아 듣는 사람이 자의적으로 생각하고 판단할 수밖에 없다. 외모가 단정치 않으면 내면이 제대로 전달되지 않고 평가 절하되어 왜곡과 억측을 낳을 수 있다.

공손이 모자라면 상대를 불쾌하게 하여 아무리 멋지고 좋은 말이라도 받아들이지 않아 소통이 단절되거나 의도를 잘못 전할지도 모른다.

모자람의 문제가 왜곡과 자의라면 넘침의 문제는 무엇일까? 바로 불신이다. 말, 외모, 행동이 지나치면 상대방은 그 무엇을 숨기거나 특정한 목적을 위해 말을 기름지게 하고 외모를 잘 꾸미고 행동을 공손하게 하는 건 아닌지 행한 자의 참뜻을 의심하게 된다. 그렇다면 모자람과 지나침을 선택할 때 무엇을 선택하겠는가?

> **🔥 생각해보기**
>
> 그를 떠올려보자.
> 그는 말, 외모, 행동이 지나친 사람인가? 모자란 사람인가?
> 그가 어느 쪽 사람이기를 원하는가?
> 그에게 나는 어느 쪽 사람일까?
> 그는 내가 어느 쪽 사람이기를 원할까?

예전에도 그랬을 것이지만 지금 또한 말 잘하는 것은 큰 장기고 장려되기도 한다. 특히 정치인에게는 더 그렇다. 정치인은 정책으로 대중과 국민에게 다가가야 하지만, 정책은 멀고 말은 가까운 것이 현실이다. 그래서 우선 말부터 하고 본다. 정치인의 말은 많은 사람들의 삶과 연관되기 때문에 그 말에는 인간애와 실행 가능성이 담보되어야 한다. 인간애와 실행 가능성을 담보한 말은 그럴듯한 것이 아니라 '진실된 것'이며, 귀에 듣기 좋은 것이 아니라 '삶에 좋은 것'이고, 현재의 달콤함이 아니라 '미래의 소금'이다.

정치인은 실질이 담긴 말을 해야 한다. 정치인이 듣기 좋게 하는 말은 시민이 그 말을 검증하고 판단하는 역량을 갖추고 그 내면과 배경을 잘 살펴야 하겠다.

겉으로 드러난 상태	표출	'그'는 어떤 상황에서 이럴까?
말	모자람	내가 그의 생일을 잊었을 때
	지나치게 꾸밈	그가 내 생일을 챙겨줄 때
얼굴	모자람	
	지나치게 꾸밈	
공손	모자람	
	지나치게 넘침	

표와 예시를 살펴보고 그는 어떤 상황에서 어떻게 행동하는지 떠올려보자.

말과 그 사람

덕이 있는 사람은
훌륭한 말을 한다

—

덕이 있는 사람은 반드시 훌륭한 말을 하게 되어있으나,
훌륭한 말을 하는 사람이라고 해서 반드시 덕을 갖추고
있지는 않다.

有德者 必有言 有言者 不必有德

유덕자 필유언 유언자 불필유덕

–〈헌문편〉5

덕德이 내면으로 쌓이거나 닦는 것이라면, 언言은 발화
되어 밖으로 드러난 것이다. 온화한 내면은 온화한 문장, 어
투, 뉘앙스로 발화된다. 덕이 있는 사람은 반드시 내면대로
말하기 마련이다. 그런데 말이 반드시 심중의 발화는 아니다.
내면과 정반대로 말하거나 내면에 없는 것도 있는 것처럼 말

할 수 있다. 그렇다면 덕과 언의 관계를 세 경우로 나눠보자.

A : 덕이 있는 사람 – 내면대로 말함(훌륭하고 좋은 말을 함).

B : 덕을 갖추지 못한 사람 1 – 내면대로 말하지 않음(덕이 있는 것처럼 말함).

C : 덕을 갖추지 못한 사람 2 – 내면대로 말함(덕 없음이 드러남).

가장 바람직하고 우리가 지향해야 하는 사람의 유형은 당연히 A다. 그런데 현실의 우리는 B 혹은 C다. 둘 중에 어느 유형이 나을까? 상대가 B라면 겉으로 주고받는 말은 부드럽고 온화하다. 그런데 그 B가 다른 이에게는 내게 한 것과 다른 말을 할 수도 있겠다. 그렇다면 B와는 말을 주고받을 수 있겠지만 마음을 주고받기는 꺼려진다. C는 말이 거칠고 투박하지만 내면대로 말하기 때문에 마음을 볼 수 있다. 그렇다면 C를 받아들이거나 거부할 수 있는 선택권이 생긴다.

그를 떠올려보자.

B일까? C일까? 혹시 A는 아닐까?

그가 어떤 사람이기를 바라는가?

나는 그에게 A, B, C 중 무엇으로 보일까?

나는 그에게 어떤 사람이어야 할까?

말과 그 사람

말한대로 행동하는가

—

나는 처음에는 남에 대한 말을 들으면 그가 그대로
행동할 것이라고 믿었다.
지금은 남에 대한 말을 들으면 반드시 그의 행동을
살펴보게 되었다.
재여 때문에 바로잡게 되었다.

始吾於人也　聽其言而信其行
今吾於人也　聽其言而觀其行
於予與改是
시오어인야　청기언이신기행
금오어인야　청기언이관기행
어여여개시

－〈공야장편〉9

이 구절에 얽힌 슬픈 이야기가 있다. 공자에게 말 잘하기로 소문난 재여라는 제자가 있었다. 재여는 공자에게 자기는 학문에 부지런히 힘쓰고 있다고 말했다. 그런데 말로만 일을 곧 하겠다고 하고 실제로는 게으름만 피웠다. 하루는 재여가 낮잠에 빠져 있자, 공자는 "썩은 나무는 조각할 수 없고, 거름흙으로 쌓은 담장은 손질할 수 없다. 꾸짖을 것조차 없구나"라고 나무란다.

공자는 제자의 장점은 말해주고 모자란 점은 완곡하게 타이른다. 그런데 재여에 대해서는 꾸짖을 가치도 없다고 한다. 깊은 꾸지람이다. 사실 재여는 공자의 10대 제자 중 한 명으로 변론의 달인이었고 실리주의자였다. 그러나 도덕과 예의를 가볍게 여기는 측면이 있었다. 그래서 공자는 재여를 더욱 준엄하게 꾸짖었는지도 모른다. 언행불일치 혹은 말은 잘하지만 행동이 따라가지 못하는 재여로 인해 공자는 사람을 믿으려면 검증이 필요함을 알게 되었다.

이는 사람의 성품이 천성적으로 선하다고 해도, 여러 욕망과 이유로 인해 그 성품이 저절로 실현되지 않을 수 있다는 깨달음을 전해준다. 슬프지만 한편으로는 다행이다. 어디 재여뿐이겠는가. 우리는 말을 해놓고 모두 온전히 행동으로 옮기지 않는다.

　누군가의 어떤 말을 들으면 그가 그 말을 행동으로 실천하는지 살펴볼 일이다. 마찬가지로 나 또한 내가 한 말이 행동으로 옮겨지고 있는지 누군가가 살피고 있음을 새기고 있어야 한다. 말은 참 어렵다. 나중에 할 행동까지 생각하고 말해야 듣는 사람이 믿음이 생기기 마련이다.

평판	행동	유형
평판대로 행동을 믿을 만한 사람	좋은 평판, 좋은 행동	A
	나쁜 평판, 나쁜 행동	B
평판과 별도로 행동을 살펴야 하는 사람	좋은 평판, 나쁜 행동	C
	나쁜 평판, 좋은 행동	D

　평판도 좋고 행동 또한 평판대로 좋은 A가 가장 바람직하다는 데 대해 이의가 없을 것이다. 그렇다면 B, C, D는 어떤가?

여기서 또 그를 떠올려보자.

그는 A~D 중 어디에 속할까?

나는 그가 어떤 사람이기를 원하는가?

그는 나를 어떤 사람이라고 생각할까?

그는 내가 어떤 사람이기를 원할까?

말과 사회

언행을
신중하게 하라

―

많이 듣고 그 가운데 믿지 못할 것은 제쳐 놓고서

나머지를 조심스럽게 말하면 허물이 적다.

많이 보고 그 가운데 불안한 것은 제쳐 놓고서

나머지를 삼가며 행하면 후회가 적다.

말에 허물이 적고 행실에 후회가 적으면 녹은 그 가운데 있다.

多聞闕疑　愼言其餘則寡尤

多見闕胎　愼行其餘則寡悔

言寡尤　行寡悔　祿在其中矣

다문궐의　신언기여즉과우

다견궐태　신행기여즉과회

언과우　행과회　녹재기중의

-〈위정편〉 18

이 말에는 배경이 있다. 공자의 제자 자장이 녹祿, 즉 벼슬 구하는 방법을 묻자 그에 대해 답한 것이다. 자장은 활달하고 실행력이 높으며 욕망도 제법 있는 사람인 듯하다. 자장의 그런 특성에 맞추어 공자는 언행에 대해 이중의 장치를 제시하며 매우 엄격하게 유의할 점을 일러준다.

말하기: 많이 들어라. 들은 것 중에서 믿기 어려운 것들은 말하기 목록에서 제외하라. 믿을 만한 것도 조심하고 신중하게 말하라.

행하기: 많이 보아라. 본 것 가운데 위태한 것들은 제외하라. 안정된 것을 행하되 삼가며 신중하게 행하라.

매우 절실한 태도다. 우리는 들은 것을 살피거나 검증하지 않고, 말로 옮긴다. 인터넷에서 흘러 다니는 무수한 정보도 그렇게 퍼진다. 인터넷의 말들을 얼마나 믿을 수 있을까. 많이 듣고 보는 것은 학습이며 견문을 넓히는 것이다. 목록에서 제외하는 것은 선택이고 스스로 살펴야 하는 것이다. 학습하고 선택하고 난 후에도 언행은 넘치지 않게 남겨두는 게 후회와 허물을 적게 하는 길이다.

행실은 높게 하고,
말은 낮게 하라

―

나라에 도가 있으면 말을 높게 하고 행실도 높게 한다.
나라에 도가 없으면 행실은 높게 하되 말은 겸손하게
한다.

邦有道 危言危行 邦無道 危行言遜
방유도 위언위행 방무도 위행언손

―〈헌문편〉4

말과 행실은 내면의 덕성을 밖으로 그대로 표출하는
일이다. 옳음을 쫓는 본마음을 그대로 행동으로 옮기면 높은
행실이고, 사사로운 이로움을 쫓으면 낮은 행실이다. 말도 그
렇다.

내가 속해 있는 공동체가 나름대로 도덕과 상식이 통용된다면 나는 도덕과 상식에 맞게 또는 한층 더 엄격하고 바른 행실과 말의 태도를 가져야 한다. 그런데 도덕과 상식이 잘 통하지 않는 공동체라고 하면 상황이 달라진다.

이때 행실을 높게 하는 것에 대해서는 꼬투리를 잡기가 쉽지 않다. 보이는 그대로기 때문이다. 그런데 말은 해석이 열려 있고 억양이나 분위기에 따라 다르게 받아들이기 쉽다. 그러니 이런 공동체에서는 말이 난무하고 말로 인한 재앙이 끊이지 않는다. 지금 우리의 정치판을 보라. 말로 사람을 유혹하고 말로 사람을 베는 일이 아무렇지 않게 일어나고 있지 않은가. 그런 곳에 있다면 행실은 엄격하게 하되 말은 겸양의 자세로 낮추는 게 개인적 차원에서 볼 때 슬기로운 처세다. 그리하면 말로 인한 재앙을 받지는 않는다.

공동체를 이끄는 지도자의 관점, 즉 공동체적 차원에서 볼 때 말로 인한 재앙이 넘치는 것도 문제지만, 구성원들이 말을 낮추기만 하는 것도 문제다. 그런 공동체는 구성원의 말이 통하지 않고 지도자의 권위가 일방적으로 지배하고 있는 폐쇄 사회다. 지도자는 구성원의 행실과 말의 수준을 보고 자신을 돌아볼 수 있나.

🔥 생각해보기

내 가족 구성원의 행실과 말은 높은가?
내 부서 부원들이 행실과 말을 높게 하고 있는가?

유형	행실		말	
	높음 (위危)	낮음 (손遜)	높음 (위危)	낮음 (손遜)
A	√		√	
B	√			√
C		√	√	
D		√		√

표와 같은 네 유형의 사람이 있다고 해보자. D의 경우는 사회에 도덕과 상식이 통하든 통하지 않든 몸가짐과 말 가짐이 높아질 수 없다. 개인적 수양과 사회적 차원의 배려와 교육이 요구된다.

C의 경우는 신뢰하기 어렵다. 말은 그럴듯하게 꾸밀 수 있지만 행실까지 높게 할 수는 없다.

A는 공동체에 도덕과 상식이 통하느냐에 따라 달리 대응할 수 있다. 하지만 도덕과 상식이 통하지 않는 사회라고 해

서 자기의 행실마저 비도덕적으로 할 수는 없다. 행실은 상황과 무관하게 늘 바르게 해야 한다. 이때는 B처럼 올바른 행실을 하고 말은 공손히 낮춰야 한다.

결국 행실 높은 사람의 말에서 공동체의 수준을 가늠할 수 있다.

🔥 **생각해보기**

지금 우리의 지도자라는 사람의 행실은 높은가 낮은가?
그 사람의 말본새는 어떠한가?

일은 남기지 말고,
말은 남겨라

—

일은 재빠르게 하고 말은 삼간다.

敏於事而愼於言

민어사이신어언

- 〈학이편〉 14

말과 행동, 즉 언言과 행行의 관계에 대한 동서고금의
논의는 매우 예민하다. 어느 것이 먼저인지 선후의 문제로 따
져볼 수도 있고, 무엇이 더 중요한지 경중으로 접근할 수도
있다. 선후나 경중은 언행의 분리를 전제로 한 것이며 관점을
바꾸어 언행일치言行一致에 초점을 두어 이야기할 수도 있지
만, 여기서는 그런 철학적 논쟁 이전에 언행을 대하는 태도에
중점을 두고 말하고자 한다.

불교나 그리스도교의 수양에는 말을 하지 않는 묵언默言이 있다. 하지만 묵언하며 살 수는 없다. 말은 인간의 본질이기에 어떻게 보면 묵언은 인간 본질을 훼손하는 면도 있다. 하지만 말이 많아도 인간 본질이 훼손될 수 있다. 그래서 말을 조심하고 삼가야 한다. 묵언과 다언多言의 중간인 신언愼言. 이것이 바로 말을 대하는 좋은 태도다.

그런데 말하기는 쉽고, 행하기는 어렵다. 그래서 우리는 말을 먼저 하고 일을 나중에 하거나, 하다가 그만두거나, 말한 대로 하지 않는다. 말은 먼저, 많이, 빨리한다. 일은 나중에, 적게, 천천히 한다.

말을 많이 했을 때와 일을 많이 했을 때, 어느 편이 후회를 불러올까?
남김없이 말했을 때와 남김없이 일했을 때, 어느 쪽이 뿌듯할까?

답은 뻔하다. 일은 남기지 말고, 말은 남겨라. 일은 먼저 하고, 말은 나중에 하라.

유형	일(事)		말(言)		어떤 사람일까?
	민敏*	신愼	민敏	신愼	
A	✓		✓		
B	✓			✓	
C		✓		✓	
D		✓	✓		

A~D 중 무엇이 가장 바람직한 유형일까? 물론 B다. 말보다 행동을 먼저 하고, 일은 남기지 않고 말은 다 하지 않는 멋진 사람이다.

가장 나쁜 건 D 같다. 일은 하지 않고 말만 앞세운다. 말로만 일하는 직장인, 계획만 세우는 학생 정도 되겠다.

그렇다면 A, C 가운데 무엇이 더 나을까?

🔥 **생각해보기**

그는 A~D 중 어디에 속할까?

그는 어떤 사람일까?

그는 나를 어디에 속한다고 여길까?

나는 어떤 사람으로 여겨지고 싶은가?

---

*   '민첩하다'는 뜻으로, 여기서는 재빠르고, 남기지 않음을 뜻한다.

어눌하고자 하라

—

말은 어눌하고자 하고, 실행은 재빠르고자 한다.

欲訥於言而敏於行

욕눌어언이민어행

−〈이인편〉24

말과 행동 일치해야 하고, 일치하고자 노력해야 한다. 그런데 말은 행동보다 쉽고 입에서 먼저 나온다. 말은 빠르고 먼저며, 행동은 뒤고 느리다. 그래서 언행일치를 위해서는 말은 섣불리 내뱉지 말고, 행동을 게을리 미뤄두지 말아야 한다.

군자가 말솜씨가 없을 리 없다. 하지만 군자의 특징은 말솜씨가 아니라 행동에서 찾아진다. 군자는 말보다 행동에 힘쓴다. 어디에 힘을 써야 하는지 알고 실천하는 것이 군자다.

여기서 핵심은 '하고자 함(욕欲)'이라는 태도에 있다. 욕은 의지고 노력이다. 말이 어눌한 사람, 행동이 민첩한 사람이 아니라 그런 태도를 가진 사람이어야 한다.

말과 행동

말만 번지르르한
사람에게

—

말할 것을 먼저 실행하고 그 뒤에 말이 따르게 하라.

先行其言 而後從之

선행기언 이후종지

-〈위정편〉 13

    앞에서 언행에 대한 태도를 이야기했다면, 여기에서는 언행을 선후로 설명한다. 이 말에는 특별한 배경이 있다. 공자의 제자 중 자공이란 인물이 있는데, "군자란 어떤 사람이냐"는 자공의 질문에 대한 공자의 대답이다.

    공자는 똑같은 질문을 받아도 똑같은 답을 하지 않는다. 질문한 사람에 맞추어 대답한다. 자공은 여러 면에서 재능이 있는 사람이지만, 말을 행동으로 옮기는 것을 어려워했다. 거칠게 표현하면 말만 번지르르하게 하는 사람이라는 것이고, 부드럽게 보면 판단력과 표현력은 좋은 사람이다.

　말과 행동이 같은 언행일치가 바람직하다는 것을 전제하면 자공은 말 쪽으로 기울어진 사람이 분명하다. 말을 먼저 하면 행동이 말을 따르지 못하는 경우가 생기지만, 행동을 먼저 하면 말이 행동을 따르지 못하는 경우는 거의 없다. 따라서 언행일치는 행동을 우선하고 말을 나중에 할 때 실현될 가능성이 높다.

> 🔥 **생각해보기**
>
> 그는 말과 행동 가운데 무엇을 먼저 하는가?
> 그가 무엇을 먼저 하기를 원하는가?
> 나는 말과 행동 가운데 무엇을 먼저 하는가?
> 그는 내가 무엇을 먼저 하기를 원하는가?

말에 부끄러움을
담아라

—

말하는 것을 부끄럽게 여기지 않으면(거침없이 말을
내뱉으면) 그 말을 실행하기 어렵다.

其言之不怍 則爲之也難

기언지부작 즉위지야난

— 〈헌문편〉 21

말은 내면의 표출이다. 그것이 생각이든, 감정이든.
표출되었기 때문에 청자와의 관계가 성립된다. 청자는 화
자의 생각이든 감정이든 그것이 실행될 것을 기대한다. 그 기
대가 이루어지면 화자의 생각을 믿고 감정을 나눈다. 그 기
대가 무너지면 그 사람의 생각을 믿지 않고 감정을 끊으려고
한다.

허니, 말을 뱉을 때는 그것이 실행될 수 있을지 고민해야 한다. 만약 말은 거창하게 하는데 그 속에 부끄러움이 담겨 있지 않다면 말을 행동으로 옮길 뜻이 없거나 혹은 실행할 수 없으니 자신의 능력을 헤아리지 못한 것이다.

말할 때는 부끄럽게, 들을 때는 말 속에 부끄러움이 실려 있는지 살펴보자.

부득이한 말을 하라

—

말을 함부로 내지 않는 것은 실천이 미치지 못할까
부끄러워해서다.

言之不出 恥躬之不逮也
언지불출 치궁지불체야

−〈이인편〉 22

행동, 실천을 수반하지 않는 말은 공허하다. 말은 행동
을 전제로 할 때 의미가 있다. 그러지 않는다면 가볍게 말한
다. 반드시 행동이 따라야 한다고 여긴다면 그 말은 무겁다.
가벼운 말은 쉽게 나오고, 무거운 말은 부득이하게 나온다.
말을 쉽게 하는 사람은 그 말에 책임지지 않는 사람이지만 말
을 어렵게 내는 사람은 그 말을 실천한다.

벗과는 신의를 나눈다

—

임금을 섬기는 데 자주 옳은 말을 하면 욕을 당하고,
친구 사이에 자주 옳은 말을 하면 사이가 멀어진다.

事君數　斯辱矣　朋友數　斯疏矣
사군삭　사욕의　붕우삭　사소의

－〈이인편〉 26

전통 사회에서는 임금과 신하는 이익이 아니라 정의
로 맺어져야 한다고 봤다. 그게 군신유의君臣有義다. 친구 사이
도 이익 추구가 아니라 서로에 대한 믿음이 관계의 출발이다.
그게 붕우유신朋友有信이다. 군신 관계는 정치 체제나 사회 구
조의 문제이므로 옛날과 지금이 다른 면이 있지만 친구 관계
는 예전과 크게 다르지 않다.

친구란 옳음과 믿음에 기반한 관계다. 옳지 않은 것을 옳지 않다고 이야기하고, 옳은 것을 옳다고 권할 수밖에 없다. 옳지 않은 것을 옳다고 하거나 옳은 것을 옳지 않다고 권한다면 불신이 오가고, 사익을 추구하는 관계가 되어버린다.

하지만 사사건건 옳은 것과 옳지 않은 것을 따진다면 도리어 서로에 대한 신의를 저버리게 된다. 참으로 신과 의에 기반하는 관계라면 상대가 설혹 옳지 않은 것을 행할지라도 허물을 깨달아 바름을 회복할 것이라 믿고 기다려주기도 해야 한다. 옳은 말도 많이 들으면 옳지 않은 행동을 유발한다. 항상 바른말만 하고, 나의 허물과 소소한 잘못도 지적하는 사람과는 정감이 오갈 수 없다.

친구는 논리, 합리 이전에 감정을 주고받는 관계다. 정의를 저버리면 안 되지만 그렇다고 정감을 무너뜨려도 안 된다. 어쩌면 친구는 서로의 다른 생각조차 인정해주되, 믿음은 굳게 지키는 관계다.

A: 나의 잘못을 지적해주지 않는다.
B: 나의 잘못을 번번이 지적한다.
C: 나의 잘못을 때에 맞춰 지적한다.

A~C 가운데 어느 친구가 내게 가장 좋을까? C가 가장 좋다는 데는 의견이 모인다. 그렇다면 A, B 가운데 누가 더 좋을까? A는 친구 관계의 기본인 믿음이 생기기 어려워 보인다. B의 문제점은 관계가 소원해지는 데 있다.

> 🍵 **생각해보기**
>
> 그는 어디에 속할까?
> 그는 나를 어디에 속한다고 볼까?
> 나는 그에게 어디에 속해야 할까?

잘못을 지적하는 것이 아니라 잘한 것을 칭찬하는 경우까지 한번 생각해보자.

잘한 것 〳 잘못한 것	칭찬하지 않는다	매번 칭찬한다	때에 맞게 칭찬한다
지적하지 않는다	①	②	③
매번 지적한다	④	⑤	⑥
때에 맞게 지적한다	⑦	⑧	⑨

그럼 ① ~ ⑨의 경우를 정리하면 다음과 같다.

유형	정리
①	나의 잘못을 지적하지 않고, 잘한 것을 칭찬해주지도 않는 사람
②	나의 잘못을 지적하지 않지만, 잘한 것을 번번이 칭찬해주는 사람
③	나의 잘못을 지적하지 않고, 잘한 것을 때에 맞춰 칭찬해주는 사람
④	나의 잘못을 번번이 지적하고, 잘한 것을 칭찬해주지 않는 사람
⑤	나의 잘못을 번번이 지적하지만, 잘한 것을 번번이 칭찬해주는 사람
⑥	나의 잘못을 번번이 지적하고, 잘한 것을 때에 맞춰 칭찬해주는 사람
⑦	나의 잘못을 때에 맞춰 지적하지만, 잘한 것을 칭찬해주지 않는 사람
⑧	나의 잘못을 때에 맞춰 지적하고, 잘한 것을 번번이 칭찬해주는 사람
⑨	나의 잘못을 때에 맞춰 지적하고, 잘한 것을 때에 맞춰 칭찬해주는 사람

①~⑨ 가운데 누가 가장 좋을까?

⑧과 ⑨에 대해서는 의견이 갈릴 것 같다. 하지만 두 경우 모두 좋다는 데는 이의가 없다. 가장 나쁜 경우는 무엇일까?

①의 경우는 친구 관계라고 하기 어렵다. 무관심한 타자 혹

은 아직 친구를 맺지 않은 사이다.

②는 좋은 말만 하는 친구다. 듣기는 좋겠으나 그 말에 믿음이 갈지는 미지수다.

③은 나의 잘못을 바로잡지는 못하더라도 잘하는 면을 북돋아주기는 할 것 같다.

④가 이 구절에서 이야기하는 예시에 해당한다. 서로 간의 믿음은 있으나 정을 나누기에는 거리감이 생기는 경우다.

⑤는 고마움과 미움의 감정이 수시로 교차하여, 떠나지는 않되 가까이하고 싶지는 않을 것 같다.

⑥은 칭찬에 감동할 수 있으나 잘못 지적이 지겨워 역시 살가운 정을 나누기는 어려울 것 같다.

⑦은 나의 잘못을 바로잡을 기회는 주되 정이 많이 가지는 않을 것 같다.

> ♨ 생각해보기
>
> 그는 ①~⑨ 가운데 어디에 속할까?
> 그가 어떤 친구이기를 원하는가?
> 그는 나를 어디에 속한다고 여길까?
> 나는 그에게 어떤 친구인가?

함부로
말 잘하지 마라

—

공자는 마을에서는 믿음직스럽고 진실하게 행동하고
말을 잘하지 못하는 것처럼 했다.
종묘와 조정에서는 말을 매우 잘하였으나 함부로 하지
않았다.

孔子於鄕黨 恂恂如也 似不能言者
其在宗廟朝庭 便便言 唯謹爾
공자어향당 순순여야 사불능언자
기재종묘조정 변변언 유근이

－〈향당편〉 1

　마을은 부모, 형제, 친족이 있는 곳이다. 이곳은 공감과 서
로에 대한 근원적 이끌림이 있는 정감 공동체다. 논리와 이론

을 따져서 말하는 것도 아니고 이해득실에 따라 설득과 동의를 구할 필요도 없거니와, 그렇게 해서도 안 된다. 논리적인 말, 화려한 수식보다는 마음과 행동을 믿음직스럽게 하는 것이 중요하다.

정감 공동체에서는 말보다 행실이 먼저다. 말 이전에 이미 행실로 그 사람을 알고 있는 관계다. 그러니 말이 적어도 혹은 말을 잘하지 못해도 크게 문제가 되지 않는다. 특히 부모와 형제는 혈족으로 맺어진 관계로서 선택할 수 있는 것이 아니라 주어진 것이므로 이런 관계에서는 이해보다 정감이 중요하다. 잘난 것도 못난 것도 구분이 없어야 한다. 그러니 이 공동체에서는 타인과 비교하며 깎아내리는 말은 하지 말아야 한다.

종묘와 조정은 예법과 정치가 운영되는 이해 공동체다. 예법은 엄격하고, 정치는 공정을 생명으로 한다. 따라서 정감 공동체와 달리 공감이나 지연을 전제해서는 안 된다. 자칫 그렇게 되면 이해 공동체는 논리적인 체계가 무너지고 관계에 휘둘리게 된다.

이곳은 말로써 운영되며, 엄밀하고 공정해야 한다. 이때 서로 주고받는 말을 통해 사람이 평가되고 이해되는데, 논리와 정의에 입각한 말을 해야 상대로부터 이지적 동의를 얻게 된다. 하지만 여기서도 꼭 필요한 말만 해야 한다. 말이 넘치면 논리와 근거의 깊이는 옅어지기 때문이다. 조정과 종묘는 사회적 관계로서 이해와 득실이 있으며 그렇기에 정의가 요구된다. 말하지 않을 수 없지만 말할 때는 명확해야 하며, 함부로 많이 말하지 말아야 한다.

말을 잘하지 못해서 생기는 문제보다 말을 잘해서 생기는 문제가 더 많다. 말을 잘하는 것이 좋기는 하지만 장소, 상황과 무관하게 말을 잘하는 것이 문제다. 말을 잘하는 사람이 조심해야 할 건 어디에서 누구와 이야기하고 있느냐다. 말을 잘해야 할 곳이 있고, 말보다 마음과 행실을 우선해야 할 곳이 있다. 말을 잘해야 하는 곳에서는 말을 많이 하면 안 되고, 마음과 행실을 우선해야 할 곳일지라도 말이 없으면 안 된다. 말을 잘하지 못하는 사람은 어차피 어느 곳이든, 누구에게든 말을 잘하지 못할 테니 행실을 믿음직하게 하면 된다.

정감 공동체와 이해 공동체에서 보이는 태도를 살펴보자.

유형	정감 공동체	이해 공동체
A	말을 잘하지 못하는 것처럼 행동함	말을 잘하지 못하는 것처럼 행동함
B	말을 잘하지 못하는 것처럼 행동함	말을 매우 잘함
C	말을 매우 잘함	말을 매우 잘함
D	말을 매우 잘함	말을 잘하지 못하는 것처럼 행동함

🔥 **생각해보기**

그를 떠올려보자.

A~D 가운데 어디에 속할까?

그가 어디에 속하기를 원하는가?

그는 나를 어디에 속한다고 볼까?

나는 그에게 어디에 속해야 할까?

말하지 말아야 할 것,
드물게 말할 것

—

공자는 괴이한 것, 힘쓰는 것, 도리를 어지럽히는 것,

신령스러운 것에 대해서는 말하지 않았다.

공자는 이利와 명命과 인仁에 대해서는 드물게 말했다.

子 不語怪力亂神

자 불어괴력난신

－〈술이편〉20

子 罕言利與命與仁

자 한언이여명여인

－〈자한편〉1

이야기는 재미있어야 하고, 일상적이지 않은 이야기

는 관심과 흥미를 끈다. 스토리텔링이 주목받는 요즘 괴력난
신怪力亂神이야말로 더없이 좋은 소재다. 괴력난신은 일상적
이지 않고 비현실적이기 때문에 흥미를 유발하기에 충분하
다. 일종의 판타지인 셈이다. 판타지는 현실의 제약이 없어
환상적이고, 한 발짝 물러나 현실을 바라볼 수도 있으니 그
재미는 만만치 않다.

공자는 그런 재미난 것은 말하지 않았다고 하니, 재미와는
거리가 있는 사람일 수도 있겠다. 한편으로 생각하면 그런 것
에서 재미를 찾지 않았을 수도 있다. 또한 말에 책임이 따르
고 행동이 수반되어야 한다고 보기 때문에, 비일상적이고 비
현실적인 괴력난신을 말하지 않으려고 했을 수도 있다.

공자가 남긴 '말'을 지금의 '이야기'와 똑같은 것으로 보기
는 어렵다. 공자는 괴력난신에 대해 몰라서 말하지 않은 것이
아니라 그것을 말하지 않았다. 말은 허공으로 없어지는 것
이 아니라 끝없이 재생산된다. 말을 한다는 것은 발성을 통해
뜻, 내면의 감정, 이지적 의지 등이 밖으로 드러나는 것이다.

소리에 뜻이 담겨야 말이다. 허니 말을 입밖에 낼 때 뜻을 생
각지 않을 수 없다. 결국 공자는 괴상하고 이상한 것이 아니라

한결같은 것을, 무력이 아니라 덕을, 도리를 거스르는 것이 아니라 순리대로 흐르는 것을, 귀신이나 영혼이 아니라 사람을 말하고자 했다.

우리는 공자처럼 괴력난신을 절대 말하지 않으면서 살 수는 없다. 그렇다고 해서 모든 것을 다 말하면서 사는 것도 옳지 못하다. 괴력난신은 아닐지라도 말하지 말아야 할 것을 생각해보고 그것을 지키려는 노력은 필요하다. 말이 공해며 바이러스처럼 창궐하는 시대니 말이다.

한편, '드물게 말했다'라는 말은 하기는 하되 말을 아꼈다는 의미일 것이다. 여기서 아낀 것이 무엇이냐에 초점을 둘 수도 있고, 아낀 까닭이 무엇이냐를 살펴볼 수도 있다.

말을 아낀 첫 번째 주제는 이해利害다. 이로움을 추구하고 해로움을 피하는 게 나쁜 것은 아니다. 그러나 이것은 생존적 특성의 범주이기에 이해를 기준으로 따진다면 인간성 혹은 인간다움을 보장할 수 없다.

항상 이해를 말하기만 하는 사람은 어떨까? 말은 심중의 표출이니, 그런 사람은 이해를 기준으로 사람을 평가하고 이익만을 쫓는 사람일 수 있다.

두 번째 주제 운명命은 규정하기 어려운 면이 있다. 이지적으로 확언할 수 없다. 인간의 모든 일이 합리적으로 설명되지 못하는 면도 있기에 사람들은 인간 밖의 힘이나 원리를 빌려 운명, 운세, 팔자 등의 이야기를 한다. 그러나 한편으로 인간의 많은 일은 생각과 의지와 실천으로 이루어진다. 이것들로 설명될 수 없는 부분은 많지 않다. 그러니 운명을 절대 말하지 말아야 할 것은 아니나, 아주 드물게 말해야 할 뿐이다.

운명을 자주 말하는 사람은 어떨까? 자기의 생각, 의지, 실천에 자신이 없는 사람일 수 있다.

세 번째 주제는 인仁이다. 공자의 핵심 사상이지만 실상 인을 정의하기란 어렵다. 인을 정의한다는 것은 사람을 정의하는 것과 같다. 인은 사람다움이자 인격이며 사람 사이의 도리다. 인은 쉽고 가까운 듯하면서 크고 넓다. 크고 넓은 측면에 매몰되면 가깝고 쉬운 것을 놓치기 쉽다. 심오하고 은미하기에 확실하게 설명되지 못하는 것에 대해서는 말을 아껴야 한다.

너무 자주 인간다움을 말하는 사람은 어떨까? 꼬장꼬장한 선비 혹은 꼰대가 떠오른다. 앞뒤가 막혀 답답해진다.

말하지 말 것, 드물게 말해야 할 것. 내게도 그런 기준이 있는가?

말하는 나, 듣는 나

—

바른 말로 타이르는 말은 수긍하지 않을 수 없나니,

그 말을 듣고 잘못을 고치는 것이 중요하다.

완곡하게 일러주는 말은 기쁘지 않을 수 없나니,

그 말을 듣고 그렇게 말한 실마리를 찾는 게 중요하다.

기뻐하기만 하고 실마리는 찾지 않고,

그때만 수긍하고 잘못을 고치지 않는 사람은 어찌할 수

없는 사람이다.

法語之言 能無從乎 改之爲貴

巽與之言 能無說乎 繹之爲貴

說而不繹 從而不改 吾未如之何也已矣

법어지언 능무종호 개지위귀

손여지언 능무열호 역지위귀

열이불역 종이불개 오미여지하야이의

- 〈자한편〉 23

바른말은 사람들이 공경하고 두려워하고, 듣는 사람
의 이성과 논리를 자극한다. 원칙상 옳은 말이기에 그 말을
따르지 않을 명분이 없다. 그 말을 듣는 자신이 옳지 않음을
깨닫고 고쳐야 그 말을 다시 듣지 않게 된다. 하지만 잘못을
고치지 않는다면 겉으로만 따르는 것이다. 내가 누군가에게
바른말을 듣게 될 때는 그 순간을 모면하려고 애쓰기보다 잘
못을 고치는 데 힘써야 한다.

완곡하게 일러주는 말은 청자의 감성에 호소하는 말로, 마
음에 어긋나거나 거슬리지 않아 기쁘다. 주로 그 말의 상황과
여건을 설명하는 것이기에 그 일러주는 연유를 수긍할 수 있
다. 하지만 그 말을 듣고 기뻐하기만 하고, 그렇게 말하는 속
뜻을 찾지 않는다면 자신의 잘못을 알 수 없게 된다. 상황과
여건을 무릅쓰고 누군가가 완곡한 충고의 말을 건넬 때에는
그 말의 속뜻과 그 말을 하게 된 연유를 찾아야 한다.

말하는 사람도 마찬가지다. 상대의 잘못을 고치고자 한다

면 이성과 논리에 입각한 바른말을 해야 하고, 공감과 협조를 구하고자 한다면 감성적으로 수용할 수 있는 완곡한 말을 해야 한다.

말은 내가 하고, 그 말을 소화하는 것은 타인이다.

말을 하는 나는 바른말, 완곡하게 타이르는 말을 해야 한다. 허튼 말과 심한 말은 상대를 바꾸지 못한다. 그러나 바른말과 완곡한 말을 했음에도 불구하고 상대가 움직이지 않는다면 결국 그 잘못은 말하는 내가 아니라 듣는 상대에게 있다.

사람도 말도
잃지 말아라

—

말할 만한 사람인데 말하지 않으면 사람을 잃는다.

말할 만한 사람이 아닌데 말하면 말을 잃는다.

지혜로운 이는 사람도 잃지 않고 말도 잃지 않는다.

可與言而不與之言 失人

不可與言而與之言 失言

知者 不失人 亦不失言

가여언이불여지언 실인

불가여언이여지언 실언

지자 불실인 역불실언

– 〈위령공편〉 7

말이 통하는 사람이 있고, 통하지 않는 사람이 있다.

말이 통하느냐 통하지 않느냐는 '서로의 마음과 뜻이 일치하는가'로 생각해볼 수 있다. 결국 말이 통하지 않는다는 의미는 마음과 뜻이 맞지 않는 것이다.

마음과 뜻이 맞는 사람인데 말을 하지 않는 경우도 문제다. 속에만 담아두고 마음과 뜻을 확인하고 발전시키지 못한다면 서로의 마음과 뜻이 어그러질 수 있고, 잘 맞는 사람을 잃게 된다. 한편 마음과 뜻이 맞지 않는데 말을 나누면 서로 맞지 않는다는 것을 확인하고 문제가 심화되어 말하지 않는 것만 못하게 된다.

말의 효용이라는 면에서 생각해볼 수도 있다. 잘못을 말해줬을 때 고칠 만한 사람인데 말해주지 않으면 그를 여전히 잘못에 빠지게 하는 것이므로 사람을 잃는 것이다. 반대로 아무리 잘못을 말해줘도 고치지 않는 사람에게 계속 말하면 그 말은 의미가 없는 소리일 뿐이므로 말을 잃는 것이다.

사람 유형 \ 행동	함께 말함	말하지 않음
말을 섞을 만한 사람	A	B
말을 섞지 못할 만한 사람	C	D

이 구절은 결국 B와 C의 문제점을 이야기한다. B는 뜻이 맞는 사람을 잃고, C는 말하지 않는 것만 못하다. A는 뜻이 맞는 상대와 말을 주고받음으로써 뜻과 마음을 함께할 수 있다. D는 잃을 것이 없다. 애초에 뜻이 맞지 않는 사람이기에 내 사람도 아니고, 말을 섞지 않기에 말도 잃지 않는다.

유형	사례 찾아 적어 보기
A	우정을 나눈 오랜 친구에게 나쁜 습관을 일러주는 것
B	
C	
D	

핵심은 말할 만한 사람에게만 말하고, 말을 섞지 못할 사람에게는 말하지 않는 데 있다. 내 앞에 있는 그가 대화를 할 만한 사람인지 아닌지, 그에게 나는 말을 주고받을 수 있는 사람으로 여겨지고 있는지 잘 생각해볼 일이다.

> 🍵 **생각해보기**
>
> 그는 어떤 사람일까? 혹시 B, C는 아닌가?
> 나는 그에게 어떤 사람일까?
> 그는 나를 B, C라고 여기지는 않는가?

III 세상사에는
감정이 따른다

참된 근심

감정을 조절할 줄
안다는 것

—

덕이 닦여지지 않고 공부를 익히지 못하며
의를 듣고서 그것으로 옮아가지 못하고
불선을 고치지 못함이 나의 걱정이다.

德之不修 學之不講 聞義不能徙
不善不能改 是吾憂也
덕지불수 학지불강 문의불능사
불선불능개 시오우야

-〈술이편〉3

《대학》에는 "날로 새롭고 나날이 새롭고 또 날로 새롭
다"라는 구절이 나온다. 보통 "일신우일신日新又日新"이라고 한
다. 어제보다 오늘, 오늘보다 내일 더 성장하는 것을 말하는데,

이때의 성장은 내면의 덕을 밝히는 것이다.

이 구절에서는 나날이 성장하는 구체적 방법을 서술하고 있다. 덕을 닦고, 공부하고, 의를 행하고, 허물을 고치면 새로워진다. 매일 그리하여 날로 새로워질수록 좋은 어른(대인大人)이 된다.

그런데 어른이되 어른답지 못함이 걱정거리다. 어른을 만드는 것은 세월, 돈, 권세가 아니다. 어른으로서의 말과 행동을 갖췄을 때 어른답다고 한다. 어른다운 언행은 덕德, 학學, 의義를 갖춰야 한다. 어제보다 오늘이, 오늘보다 내일이 퇴보한다면 어른다운 어른이 아니다.

어른이 갖춰야 할 것들 중에서도 덕은 밖으로부터 오는 게 아니다. 바로 내면에 있다. 그래서 배우기보다는 닦아야 한다. 이것은 몸을 닦음(수신修身)과 같다. 수신은 마음을 바르게 하는 것(정심正心)이고, 정심은 감정을 조절하는 것이다.

성내고 또 성냄, 두렵고 또 두려움, 즐기고 또 즐김, 근심하고 또 근심하면 마음이 바르지 않게 된다. 감정 자체보다는 그 감정이 지나침에 문제가 있는데, 감정이 없어도(감정이 겉으로 드러나지 않은 것) 안 되지만 감정이 지나쳐도 안 된다. 감정이 드러나지 않는 경우는 자신에게만 문제가 한정되지만, 감정이 표출되면 그로 인한 문제는 타인에게까지 확장되기 때문이다.

여기서는 자녀를 예로 설명해보기로 한다. 동생, 후배 등 나의 아랫사람을 떠올려봐도 좋다.

자녀가 옳은 말을 듣지 않을 때 나의 감정 표출	유형
성내지 않음	A
성냄	B
성내고 또 성냄	C

A~C 가운데 나는 어디에 속할까?

자녀가 옳은 말을 잘 들을 때 나의 감정 표출	유형
기뻐하지 않음	①
기뻐함	②
기뻐하고 또 기뻐함	③

①~③ 가운데 나는 어디에 속할까?

	A	B	C
①	a	b	c
②	d	e	f
③	g	h	i

a~i 가운데 '나'는 어디에 속할까?

자녀가 옳은 말을 잘 듣든 아니든, 성내거나 기쁜 감정을 드러내지 않는 a은 나와 무관한 일이라고 여기고 상대가 어떻든 감정 표출이 일어나지 않는 경우다. 마치 남을 대하는 것과 같다.

자녀가 옳은 말을 듣지 않을 때나 잘 들을 때나 i는 성냄도 기쁨도 넘친다. 지나치게 성내는 건 바람직하지 않다는 데는 이견이 드물 것이지만, 기쁨에 대해서는 생각이 다를 수 있다. 기쁨은 넘쳐야 좋다고 볼 수도 있겠다. 그러나 기쁨도 지나치면 마음이 기울고 바르지 못하게 되는 건 부정할 수 없다. 너무 아픈 사랑도, 너무 기쁜 사랑도 지속성을 보장하지 못한다.

성내지는 않으나 기쁨은 넘치는 g, 성냄은 넘치나 기뻐하지 않는 c 가운데 어느 것이 더 나쁠까?

가장 나쁜 경우는 무엇일까? 가장 좋은 경우는 무엇일까?

깊게 생각해보며 자녀나 후배에게 감정 표출을 어떻게 하고 있는지 돌아보자.

우리는 눈에 보이는 모든 것을 보는 게 아니라 마음이 보고자 하는 것만 본다. 눈앞에 무수히 많은 영상이 펼쳐져도 특정 영상만 보는 것은 마음 때문이다. 그래서 마음이 없으면 볼 수 없고, 바르지 않으면 바르게 볼 수 없다. 따라서 수신은 마음(감정)이 있어야 하며, 감정은 모자라지도 넘치지도 않게 표출해야 한다.

감정이 적절히 잘 표출되고 있다면 수신이 잘되고 있다는 것이며, 이것은 바로 어른다운 어른이라는 뜻이다.

> 🍵 **생각해보기**
>
> 나는 수신이 잘되고 있는가?
> 나는 어른다운 어른인가?

참된 근심

근심은
어디에서 오는가

—

지위가 없음을 근심하지 말고 지위에 설 까닭이 있는지
근심하라.
자기를 알아주는 이가 없음을 근심하지 말고 알려질
만한 사람이 되기를 근심하라.

不患無位 患所以立
不患莫己知 求爲可知也
불환무위 환소이립
불환막기지 구위가지야

−〈이인편〉14

걱정, 근심, 서운함이 생길 때 그 원인을 다른 사람이
나 환경 혹은 상황에서 찾으려고 한다. 근심의 원인이 내게

있다고 하면 근심을 넘어 절망, 서운함을 넘어 좌절할 것 같아서다. 하지만 근심의 원인이 외부에 있다면 나는 언제고 그런 상황과 감정에 수동적으로 끌려갈 것이고, 그로 인해 힘들게 된다. 차라리 근심의 까닭을 직시하는 것이 낫다.

과장인 내가 부장이라는 자리를 원했지만 그렇게 되지 못했을 때 어떤가? '줄을 잘못 섰다' '출신 학교나 출신 지역 때문이다' '나를 시기하고 모함하는 자가 있다' 등등 외부에서 원인을 찾지는 않는가? 실제로 그런 원인으로 내가 부장이라는 자리를 얻지 못했다면 다음에도 그 자리를 얻을 확률은 나아지지 않는다.

부장 자리를 얻지 못한 까닭이 내게 있다면 그 까닭은 통제하고 제거하고 변경하고 조정할 수 있다. 그러면 다음이라는 기회를 얻을 수 있는 희망은 더 커진다. 참으로 자신을 돌아보자. 부장이 되지 못한 까닭이 학연, 혈연, 시기, 질투, 인맥 줄서기에 있는지 아니면 내가 그 자리에 있을 만한 실력, 믿음, 인화가 못 미치기 때문인지.

그래서 '멋진 사람은 자신에게 있는 것을 구할 뿐이다'라는 말이 있다.

참된 근심

두려워하는
마음으로 배우자

—

공부는 제대로 따라가지 못하는 것처럼 최선을
다하면서도 배운 것을 잃을까 두려워해야 한다.

學如不及 猶恐失之
학여불급 유공실지

〈태백편〉 17

공부 잘하는 온갖 비법이 떠돈다. '공부의 신'이라는
유명 명사도 있어 여기저기 특강을 다니며 공부를 가르친다
고 한다. 그분의 공부법이 인격을 수행하는 전통적 의미의 학
습인지, 현재를 살아가는 우리가 맞닥뜨리게 되는 경쟁적 시
험에 국한한 것인지는 잘 모르겠다. 어찌 되었든 이 구절은
학문에 임하는 아주 기본적이면서 매우 중요한 태도에 대해

말하고 있다.

첫째는 가르침에 미치지 못하고 있다고 여기는 태도다. 가르침을 잘 따라가고 있다고 여기고 멈추면 실력도 깊이도 그 자리에서 따라 멈추게 된다. 학업 성취도가 낮은 학생들은 자신이 공부를 충분하게 했다고 여기는 경우가 많다. '이만하면 됐어' '이만큼 공부하면 충분해' 하는 순간 공부는 딱 거기에서 그친다. '아직 모자라' '이것은 잘 모르겠어' 하는 자각이 공부의 에너지다. 소위 말하는 소크라테스의 '무지의 자각'이다. 소크라테스는 모른다고 여겼고, 소피스트는 안다고 자랑했다. 소크라테스와 소피스트의 차이는 공부(진리 추구)를 계속하느냐 그 자리에서 멈추느냐에 있다. 모른다고 여길 때 공부는 계속되고, 안다고 하는 순간 배움은 그 자리에서 멈춘다.

둘째는 노심초사의 심정으로 배운 것을 익혀야 한다. 앞 구절 '학여불급'은 배움에 대한 것이고 뒤 구절 '유공실지'는 익힘에 대한 말이다. 배운 후에는 익히지 않거나 소홀히 한 것이 없는지 살펴야 한다. 그것을 잃을까 두려워하는 마음으로 제대로 익혀야 나중에 잃지 않는다.

결국 남에게서 배우는 '학'과 배운 것을 스스로 익히는 '습'
이 함께 이루어짐이 바람직한 공부 방법이다.

  학은 미치지 못하는 것처럼, 습은 잃어버리지는 않을까 하
는 두려움으로 공부하라!

참된 근심

부끄러움이란
이런 것

—

나라에 도가 실현되고 있는데 가난하고 또 천하다면

부끄러운 일이다.

나라에 도가 실현되지 않는데 부유하고 또 귀하다면

부끄러운 일이다.

邦有道 貧且賤焉 恥也

邦無道 富且貴焉 恥也

방유도 빈차천언 치야

방무도 부차귀언 치야

-〈태백편〉13

빈천을 추구하고 부귀를 멸시하는 사람은 없다. 빈천
을 삶의 목적으로 두는 사람은 없지만 부귀를 삶의 목적으로 두는 사람은 많다. 그런데 부귀를 삶의 목적으로 둔다면 그것을 얻기 위한 어떤 수단과 과정도 정당화하는 경향이 생긴다.

빈천과 부귀는 삶을 이루는 하나의 요소거나 삶의 목적을 위한 수단이나 과정일 뿐이다. 삶의 목적이 아니기에 그것의 유무에 서글퍼할 필요가 없으나, 삶의 요소기에 마냥 방치해서도 안 된다. 정당하지 못한 수단과 과정으로 부귀를 얻었다면 분명 타인과 사회에 폐해를 주었을 것이고 자신의 양심을 저버렸을 것이다. 그리고 정당한 수단과 과정이 보장되어 있는데도 부귀를 얻지 못했다면 그 책임은 자신에게 있다.

사회의 모습 \ 얻은 것	부귀	빈천
도가 실현되는 사회	A	B
도가 실현되지 않은 사회	C	D

A는 어떨까? 아마 자랑스러울 게 확실하다. 삶의 사회적 환경도 바람직하고 그 속에서 정직하고 열심히 살아가고 있는 건강한 개인이다.

C는 부자고 귀한 몸이다. 그런데 도가 실현되지 않은 사회에서는 시기로써의 부유고, 지탄으로써의 고귀함일 수 있다. 정당한 노력보다 부당한 방법으로 재산을 쌓고 신분을 높였을 것이다. 도가 실현되지 않은 사회에서 이런 부유와 고귀를

부끄러워하지 않는다면 개인의 사회적 자격 미달이다.

B는 가난하고 낮은 몸이다. 노력한 만큼 얻을 수 있는 환경
이지만 불성실로써의 가난이고, 나태로써의 낮음이다. 이것
을 부끄러워하지 않는다면 개인의 인간적 자격 미달이다.

노력한 만큼 얻을 수 없는 상황에서 빈천한 D는 두 가지 경
우로 읽을 수 있다. 첫 번째 경우는 불성실하고 나태한 경우
다. 이 경우는 노력한 만큼 얻을 수 있는 상황이 되어도 빈천
할 것이기에 빈천의 책임이 오로지 자신에게 있다. 두 번째
경우는 둘째는 열심히 일하고 정직하게 사는 경우다. 빈천과
관계없이 인간적인 개인으로서의 성숙, 사회적인 개인으로
서의 떳떳함을 지녔다고 할 수 있다. 자랑은 아니지만 스스로
뿌듯함은 있을 것이다.

나라에 도가 있고 없고는 누가 부자고 귀한 자리에 있는지
살펴보면 알 수 있다. 열심히 일하고 정직하게 사는 사람이
부자고, 옳은 행정을 펴는 사람이 높은 자리에 있다면 그 나
라에는 도가 실행되고 있는 것이다. 적당히 일하고 부정직하
게 사는 사람이 부자고, 자신이나 특정 집단의 이익을 위한
행정을 펴는 사람이 높은 자리에 있다면 그 나라에는 도가 실
현되지 않고 있다.

지금 우리 사회는 어떨까? 열심히 일하고 정직하게 살면 부자가 될 수 있는가? 높은 자리에 있는 사람이 자신이나 특정 집단이 아니라 시민, 국민을 위한 행정을 하고 있는가? 혹여 적당히 일하고 부정직하게 하는 사람이 부자이지는 않은가? 높은 자리에 있는 분이 국민을 미련하게 보고 무시하는 건 아닌가?

사실 공동체에서 도의 실현 여부는 소시민 개인의 능력 밖이다. 물론 개인의 결합인 시민과 국민의 힘이면 도가 실현되지 않는 공동체를 변혁시킬 수는 있다. 하지만 시민이 공동체를 변혁했다고 해도 사회정의로서의 도는 지도자, 제도, 사회적 인격에 의해 실현된다. 도의 실현 여부를 떠나 부귀와 빈천을 대하는 태도는 나의 결정이다. 여기서는 그 태도를 부끄러움이라는 감정으로 풀어보았다.

참된 즐거움

기쁘고, 즐겁고,
성내지 않음이라

—

배우고 때때로 그것을 익히면 기쁘지 않겠는가!

벗이 있어 먼 곳에서 나를 찾아온다면 즐겁지 않겠는가!

사람들이 알아주지 않아도 성내지 않으면 군자가

아니겠는가!

學而時習之 不亦說乎

有朋自遠方來 不亦樂乎

人不知而不慍 不亦君子乎

학이시습지 불역열호

유붕자원방래 불역락호

인부지이불온 불역군자호

－〈학이편〉1

누구나 한 번쯤 들어봤을《논어》의 첫 구절이다. 자세히 들여다보면 세 문장 모두 감정을 이야기하고 있다. 기쁨(열說), 즐거움(락樂), 성내지 않음(불온不慍)이다. 각각의 감정은 학습, 벗, 군자에 비유되고 있다.

배우고 익히는 것만이 기쁨이 아니고, 벗의 방문만이 즐거운 것이 아니며, 성내지 않는 것만이 군자의 특징은 아니다. 그러나 이 구절은 문장의 끝을 '않겠는가!'라고 하며, 반어로 강조한다. 학습을 기쁨으로, 붕래를 즐거움으로, 불온을 군자라 여기지 않을 수 없다고 힘주어 말한다.

학습을 기쁨으로 여기는 사람은 공부를 좋아하는 사람이다. 지식이 넓고 지혜가 많은 사람이거나 그런 사람이 되는 과정에 있다. 사람, 책, 관찰, 경험으로 새로운 것을 배우고, 배운 것을 때때로 익혀 내 것으로 만들면 기쁘다. 이 기쁨은 오로지 자신의 공으로 이루는 자기만족이다.

학습을 기쁨의 범주에 넣는 사람은 많지 않을지도 모른다. 대부분의 사람은 공부 혹은 성적에 실패하여 학습에 대한 즐거운 기억보다 아픈 기억이 많다. 하지만 성적이 좋았다고 해서 배움과 익힘을 기쁘게 느꼈다고 볼 근거도 없다. 좋은 성적에 실패했든 성공했든 학습을 기쁨으로 여기지 못하는 이유는 이를 상대적인 기쁨으로 보기 때문이다. 남보다 많이 배우고 익혀야 기쁘다고 한다면, 그것은 오롯이 나의 기쁨이 아니라 그저 남에게 근거해 느낀 것일 뿐이다.

학습의 기쁨을 어린 새가 날게 되는 것에 비유해보자. 날갯짓을 배우고 수시로 그것을 익혀 날아오르면, 그 비상이 주는 기쁨은 오로지 날고 있는 새의 몫이다. 진학 혹은 취업과 승진의 과정에서 상대적으로 평가되는 공부와 성적에서 한발 물러나, 배움과 익힘 그 자체를 기쁨에 넣을 수 있어야 한다. 그곳에서 오는 기쁨은 오로지 나의 것이다. 하나를 배우고 익히든, 열을 배우고 익히든 타인과의 비교 속에서 주어지는 상대적 기쁨이 아니어야 한다.

벗이 있고 벗과 어울리는 것을 즐거워하는 사람은 외롭지 않다. 붕래를 즐거움으로 여기기 위한 전제 조건은 학습이다. 벗은 뜻이 통하는 사람인데, 학습하지 않으면 뜻을 세울 수 없고, 뜻이 세워지지 않으면 진정한 벗이 없다. 벗이 없으면 벗과 어울리는 즐거움도 없다.

나와 뜻을 함께하는 이를 붕朋, 또는 동지同志라고 한다. 이때의 뜻은 물론 선한 뜻이다. 악한 뜻을 가진 사람들은 동지처럼 보일지 몰라도 진정한 동지가 될 수 없다. 왜냐하면 악은 타인을 믿지 않기 때문이다. 타인을 믿지 않는데 어찌 동지가 있겠는가. 선한 뜻을 지니고 선한 행동을 하는 사람에게만 동지가 있다. 다시 말해 내게 동지가 있다면 나는 악한 사람이 아니라는 이야기이기도 하다. 그것은 분명 즐거움이다. 그런데 그 동지가 공간적 거리를 이겨내고 내게 찾아와 서로 얼굴을 맞댄다면 나만 즐거운 게 아니라 벗도 즐겁다. 학습의 기쁨이 나에게 비롯된 나의 기쁨이라면, 벗과 함께하는 즐거움은 벗에게서 비롯된 나와 벗 모두의 즐거움이 된다.

꾸준히 학습하고 선한 뜻을 지키고 있으나 남들이 그것을 알아주지 않으면, 즉 동지가 없다면 서운할 수 있다. 그런 상황에서 마음에 미움이나 분노를 품는다면 배움과 익힘이 덜 여물었다는 증빙일 것이다. 세상의 악에 대해서는 마땅히 분노해야 하지만, 나를 알아주지 않는 사람이나 세상에 대해 분노할 것은 아니다.

기쁘게 학습하고 즐겁게 벗과 어울리며, 사람들이 알아주지 않아도 성내지 않는 사람이 군자다. 군자는 꾸준히 학습하고 뜻이 맞는 벗이 있기 마련이다. 게다가 타인의 평판에 감정이 휘둘리지 않는다. 자신에게 부끄럽지 않고 타인에게 미안하지 않기 때문이다. 성내지 않는 것은 외적 자극을 견뎌내는 자신감에서 온다.

학습하면 기쁜가?

벗이 오면 즐거운가?

남이 나를 알아주지 않아도 성내지 않는가?

세 질문 모두 '예'라고 답할 수 있다면 참 멋진 사람이다.

유형	학습을 기뻐함	벗과 어울림을 즐거워함	남이 알아주지 않아도 성내지 않음
A	○	○	○
B	○	○	×
C	○	×	×
D	○	×	○
E	×	○	○
F	×	○	×
G	×	×	○
H	×	×	×

A는 그야말로 군자다. 기쁘게 배우고 익히고, 그를 통해 뜻을 세웠기에 뜻이 맞는 벗이 있고, 그 벗과 함께함을 즐거워하니 다른 이들이 알아주든 말든 노여움의 감정이 일어나지 않는다.

H가 가장 슬프다. 학습을 통한 지혜도, 뜻을 함께하는 벗도, 자신감도 없는 사람이 틀림없다.

대부분은 B~G 가운데 하나에 속한다.

🍵 **생각해보기**

그를 떠올려보자.

그는 어디에 속할까?

나는 그가 어디에 속하기를 원하는가?

그는 나를 어디에 속한다고 볼까?

그는 내가 어디에 속하기를 원할까?

나는 어디에 속하는가?

참된 즐거움

부귀의 즐거움은
뜬구름과도 같다

—

거친 밥을 먹고 물을 마시며 팔을 굽혀 베개 삼더라도
즐거움이 또한 그 가운데 있다.
의롭지 못한 부귀는 나에게 있어서 뜬구름과 같다.

飯疏食飮水 曲肱而枕之 樂亦在其中矣

不義而富且貴 於我 如浮雲

반소사음수 곡굉이침지 락역재기중의

불의이부차귀 어아 여부운

<술이편> 15

돈이 많고 사회적 지위가 높으면 즐거울 수 있다. 돈과
지위가 즐거움을 가져올 수도 있고, 그 자체가 즐거움이 될 수
도 있다. 그런데 부귀는 불의를 수반할 가능성이 매우 높다. 부

귀를 목적으로 두고 이를 좇다 보면 수단을 가리지 않게 된다.

옳지 않은 방식과 과정을 통해 얻은 부귀가 즐거움을 줄 수는 있겠지만 그것이 지속될 수 있을지는 자신하지 못한다. 작은 불의로 부귀를 얻었다면, 그 부귀를 유지하고 더 많은 것을 얻기 위해서 더 큰 불의를 행할 수밖에 없다.

뜬구름은 보기에 좋다. 파란 하늘에 다양하게 펼쳐지며 상상을 자극하기도 하고, 희망으로 여겨질 때도 있다. 가슴이 상쾌해지기도 하고 옛 기억을 추억으로 색칠하게 만들기도 한다. 그런데 뜬구름은 보이기는 하지만 잡을 수 없다. 멀리 있을 뿐 내 앞에는 없다. 모습이 다양하지만 그제의 모습도 어제의 모습도 아니고, 내일은 또 어떤 모습일지 모른다. 잠시 위안받을지는 몰라도 내 것으로 삼을 수는 없다.

뜬구름은 내게서 나오지 않으며, 귀속되지도 않고, 내 의지대로 운영할 수도 없다. 그래서 부귀는 뜬구름과 너무 닮아 있다.

참된 즐거움

즐김의 조건

—

지혜로운 사람은 물을 좋아하고 어진 사람은 산을
좋아한다.
지혜로운 사람은 동적이고 어진 사람은 정적이다.
지혜로운 사람은 즐길 줄 알고 어진 사람은 오래간다.

知者樂水 仁者樂山

知者動 仁者靜

知者樂 仁者壽

지자요수 인자요산

지지동 인자정

지자락 인자수

-〈옹야편〉21

지혜로운 사람과 어진 사람을 상징적으로 대비시키고 있다. 지혜로운 사람은 두루 통하고 막힘이 없어 물에 비유했고, 어진 사람은 인격을 갖추고 중후하고 포용력이 있어 산에 비유했다. 지혜로운 사람은 활동적이어서 즐거워하고, 어진 사람은 일정해서 오래간다.

뒤집어볼 수도 있다. 즐길 줄 알고 활동성이 강하며 두루두루 통하는 사람은 지혜로운 사람이 될 수 있고, 중후하고 포용력이 있으며 일정하여 변함이 없는 사람은 어진 사람이 될 수 있다.

지혜로운 사람과 어진 사람을 물과 산, 동動과 정靜, 즐김과 오래감에 대비한 것은 지혜와 어짊의 특징적 일면을 설명하기 위함이다. 여기서 주목할 것은 즐김의 조건이 지혜라는 데 있다.

지혜가 필요 없는 즐거움은 본능적 욕망의 충족이고, 지혜가 있는 즐거움은 본능적 욕망의 충족을 넘거나 혹은 욕망과 무관한 만족이다. 본능을 충족하여 느끼는 즐거움도 필요하지만, 그런 즐거움을 아름답다고 할 수 있을지는 모르겠다. 아름다운 즐거움. 그것이 지혜로운 자의 즐김이리라.

참된 즐거움

덕을 좋아하라

—

나는 색을 좋아하는 것처럼 덕을 좋아하는 사람을 보지
못했다.

吾未見好德 如好色者也
오미견호덕 여호색자야

-〈자한편〉 17

성적 이끌림은 자연적인 욕구다. 거부하거나 부정할
수 없으며 에너지 또한 매우 폭발적이다.

여기서 생각해봐야 하는 것은 성적인 이끌림뿐만 아니라
덕도 좋아함의 대상이 되어야 한다는 것이다. 성적 대상을 좋
아하는 것처럼 인품도 돌아보라는 것이다. 성적 이끌림을 좋

아하는 것처럼 덕을 좋아하는 사람은 이미 자연적 욕구를 조절하고 통제하는 경지에 오른 사람이다.

복합 감정

나이 듦에 관하여

—

부모의 나이는 알지 않을 수 없다.

한편으로는 기쁘고 한편으로는 두렵다.

父母之年 不可不知也

一則以喜 一則以懼

부모지년 불가부지야

일즉이희 일즉이구

– 〈이인편〉 21

부모는 나이가 한 해씩 늘어갈수록 장수의 복을 누리게 된다. 장수하는 부모를 보는 자녀는 기쁘니 부모의 나이를 아는 것이 기쁨이다. 그런데 장수의 끝은 죽음이다. 한 해씩 죽음에 더 가까워지고 있다는 건 부인할 수 없다. 차라니 부모의 나이를 모르는 편이 나을 수도 있다. 그렇다고 모를 수는 없는 노릇이기에 부모의 나이를 '알아야 한다'가 아니라 '알지 않을 수 없다', 즉 '불가부지'라고 완곡하게 표현했다. 알아야 하지만 모르는 듯 알고 있거나, 기쁨일 때는 아는 체하고 슬픔일 때는 모른 체해야 한다.

한 해씩 나이 듦에 대한 감정이 복합적으로 일어난다. 기쁨과 두려움. 이 두 감정은 서로의 앞면과 뒷면에 있다. 이는 감정의 변덕이 아니라 현상의 참모습이다. 하나의 현상은 하나의 단면만 있지 않다. 단면이라고 해도 보거나 보이는 각도에 따라 비치는 모습이 다르다. 하물며 한 면이 아닌 다음에야.

마냥 기쁘거나 늘 두려운 현상은 없다. 기쁨에 매몰되거나 두려움에 빠질 필요가 없는 까닭이기도 하다. 현상에 따라 흐르는 것이 감정이다. 흐르는 감정을 붙잡지 말아야 하거니와 붙잡을 수도 없다.

복합 감정

즐거움으로 가는 길

—

아는 자는 좋아하는 자보다 못하고,

좋아하는 자는 즐거워하는 자보다 못하다.

知之者 不如好之者 好之者 不如樂之者

지지자 불여호지자 호지자 불여락지자

—〈옹야편〉 18

앎은 진리(참, 도道)가 있음을 아는 것이고, 좋아함은 알고는 있지만 아직 진리를 얻지 못한 것이며, 즐거워함은 얻어서 즐거운 것이다. 구절 속 사람들을 오곡에 비유하자면, 아는 자는 그것을 먹을 수 있음을 아는 자고, 좋아하는 자는 그것을 먹고서 좋아하는 자, 즐거워하는 자는 좋아하여 배불리 먹은 자다. 알기만 하고 좋아하지 못하면 앎이 지극하지 못한 것이요, 좋아하기만 하고 즐거워함에 미치지 못하면 좋아함이 지극하지 못한 것이다.

이상은 전통적인 해설이다.

모름, 앎 그리고 좋아함, 즐거워함은 무엇인가?

모름과 앎은 인지의 측면이다. 노력을 통한 획득이기도 하고 이미 주어져 있는 면도 있다. 좋아함과 즐거워함은 행동에 수반되는 감정 상태다. 알고자 노력하고(앎의 선택) 꾸준히 노력하고(선택의 반복), 저절로 공부하게 되는 심화 과정에서 얻어지는 것 혹은 경지(수준)다.

공부를 예로 들어보자. 먼저, 인지의 측면이다. 공부해야 하는 것을 모르는 것보다 아는 것이 바람직하다. 공부해야 한다는 것을 모르는 경우는 거의 없다. 공부하기 싫거나 공부할 필요가 없는 까닭을 찾는 것도 공부를 해야 한다는 앎을 전제로 한다. 그러나 이것을 안다고 해서 곧바로 시작하는 것은 아니다.

나아가 공부해야 한다는 것을 알기만 하는 것보다 공부하는 것이 바람직하다. 공부하는 것은 행하는 것이다. 곧 좋아한다는 감정은 여러 행동의 선택지 가운데 하나를 선택함으로써 생기게 된다.

즐거움은 이 선택이 반복되어 일상이 된 것이다. 일상은 선택이 아니라 날마다 반복되는데, 이 일상의 수준에서는 저절로 행하게 된다. 그러니 좋아하기만 하는 자가 즐거워하는 자를 이길 수 없음은 당연하다. 바른 선택은 결국 즐거움을 가져온다.

좋아함의 단계는 앎이 전제되어 있고, 즐김의 단계는 좋아함의 단계를 거쳐야 한다. 공부해야 함을 모르는 이는 없고 (지知), 즐거워함은 저절로 공부하는 수준이라면(락樂), 우리는 결국 좋아함의 단계(호好)에 집중해야 한다.

좋아하려면 바른 선택을 하라.
즐기려면 바른 선택을 일상으로 만들어라.

모자라고 넘치지 않게
표현하라

—

오직 어진 사람이라야 사람을 제대로 좋아하고
싫어한다.

惟仁者 能好人 能惡人

유인자 능호인 능오인

－〈이인편〉3

호오好惡는 감정이다. '좋아함은 선' '싫어함은 악'과 같
이 호오에 도덕적 평가를 할 수는 없다. 감정은 무도덕적이
다. 그런데 감정이 겉으로 드러나면 그땐 도덕적 평가가 가
능해진다. 감정은 자극에 대한 반응이고, 대상을 향해 반응한
다. 도덕적 평가의 대상은 감정 자체가 아니라 반응의 적절성
과 정도다.

감정 표출은 넘치거나 모자라기 쉽다. 좋음에 빠지면 한없이 좋고, 싫음에 매몰되면 더없이 싫다. 감정 표출은 반드시 대상을 전제로 하기에 그 정도는 대상과의 관계를 전제로 한다.

죽음에는 슬퍼해야 하지만 누구의 죽음이냐에 따라 슬픔 표출 정도가 달라야 한다. 생명 탄생은 좋아해야 하되 그 생명과 나와의 관계에 따라 감정 표출 정도가 달라야 한다. 좋아함의 감정도 지나치면 옳음이 아니고, 싫어함도 회피하거나 인색하면 선이 아니다.

그래서 호오 감정을 표출하는 근저에는 인仁이 있어야 한다. 어진 사람은 반응해야 할 것에 대해 자극에 맞춰 대응하고, 참되게 반응한다. 이런 감정 표출은 적절하고 도덕적으로 옳다. 어질지 못한 사람은 반응하지 말 것에 대해 자극보다 넘치거나 모자라게 대응하고, 거짓으로 반응한다. 이런 감정 표출은 부적절하고 도덕적으로 옳지 못하다. 부모에게 사랑의 감정을 표출하지 않거나, 좋으면서 싫다고 하거나, 받을 것을 기대하며 반응한다면 당연히 옳지 못한 감정 표출이다.

좋아함, 싫어함에도 참됨과 그릇됨이 있다. 참으로 좋아하고 참으로 싫어함의 뿌리가 바로 사랑(인)이다.

　부모는 자녀를 사랑한다. 사랑은 좋아함의 감정으로만 표출되지 않는다. 자녀가 잘못한 경우 그 행위에 대해서는 싫어함으로 표출되어야 한다. 사랑이 바탕이 된 꾸지람을 받는 자녀는 부모로부터 사랑의 느낌을 받는다. 참으로 나를 사랑하는 사람이 나의 어떤 면을 싫어한다면 분명 내게 잘못이 있을 것이다. 거꾸로 말한다면 내게 잘못이 있는데 오히려 좋아한다면 그는 진정으로 나를 사랑하는 사람이 아니다.

🕯️ **생각해보기**

그는 나를 참으로 좋아하는가? 참으로 싫어하는가?
나는 그를 참으로 좋아하는가? 참으로 싫어하는가?

복합 감정

그를 좋아하기에 나다

—

여러 사람이 그를 미워해도 반드시 살펴보며,

여러 사람이 그를 좋아해도 반드시 살펴야 한다.

衆惡之 必察焉 衆好之 必察焉

중오지 필찰언 중호지 필찰언

–〈위령공편〉 27

감정은 보편적이지만 감정의 표출은 주관적이고 개인
적이다. 빈부, 귀천, 미추를 막론하고 누구나 부부가 될 수 있
지만 왜 그와 부부가 되었는지는 헤아릴 수 없다. 논리적, 합
리적, 객관적으로 설명될 수 없는 게 감정이다.

그래서 인간 세상 모든 문제의 발단은 감정이다. 논리, 합

리, 객관으로 설명되는 건 문제를 일으키지 않는다. '중용'도 결국은 이성과 지성이 아니라 감정의 문제다. 자연 세계는 과학 법칙으로 구성되고 운영되지만, 인간 세상은 감정으로 구성되고 운영된다. 인간 세상에서 살펴야 할 건 감정이다.

누구나 좋고 싫음의 감정 표출은 하지만 그 이유는 지극히 주관적이다. 남이 좋아하는 것이 모두 좋고, 남이 싫어하는 것이 모두 싫다면 나는 남과 무엇이 다른가? 내가 나인 이유는 감정의 고유성과 주체성이 있기 때문이다. 많은 사람이 싫어한다고 해서 나도 그래야 하는 것이 아니다. 그 반대 경우도 마찬가지다.

SNS에 포위된 지금, 나는 주체적으로 좋아하고 싫어하고 있는가? 싫어함과 좋아함을 강요당하지는 않는가?

좋아함과 싫어함이야말로 살피고 또 살펴야 할 일이다. 자신을 자신으로 만드는 것은 이성, 합리가 아니라 감정이다. 인공지능이 인간과 같아질 수 없는 건 합리가 아니라 감정에 그 이유가 있다.

복합 감정

감정의 지나침을
경계하라

—

즐거워하되 음란하지 않고, 슬퍼하되 상처받지 않아야
한다.

樂而不淫 哀而不傷

낙이불음 애이불상

-〈팔일편〉20

유학은 인간의 감정이나 욕망 자체를 부정하지 않는
다. 감정을 없애라거나 무작정 억제하라고도 하지 않는다. 그
러나 감정의 깊이로 인해 초래되는 문제점은 경계한다.

감정의 특징은 몰입이다. 기쁠 때는 기쁨에, 슬플 때는 슬
픔에 빠진다. 몰입은 강한 에너지를 발산하고, 그 에너지로

인해 무언가 만들어지기도 한다.

　즐거움은 좋은 것이지만 즐거움을 지나치게 추구하면 환락과 음탕으로 기울게 되고, 그 끝은 도리어 괴로움이 된다. 게임은 즐거우려고 하는 것이지만 게임이 지나치면 도박이 되고 그 끝은 파멸인 것과 같다.

　슬픔의 에너지는 비극을 만들어낸다. 그런데 슬픔이 비극을 낳고, 그 비극이 다시 슬픔을 낳는다. 그 순환이 반복되면 슬픔에서 빠져나오지 못하게 만들기도 한다. 슬퍼해야 하는 것에 슬퍼하는 것은 마땅하지만 지나치면 몸과 마음과 주위에 상처를 주기 마련이다.

　즐거움과 슬픔. 누구나, 언제나 맞닥뜨리는 감정이다. 맞닥뜨리는 것은 피할 수도 없고 그럴 필요도 없다. 부정하지는 말되, 즐거움은 환락과 음탕, 슬픔은 상처의 씨앗을 품고 있다는 것을 잊지 말고 지나침을 경계해야겠다.

복합 감정

의혹, 근심, 두려움의
원인을 찾아라

—

지혜로는 자는 의혹하지 않고 어진 자는 근심하지 않고
용맹한 자는 두려워하지 않는다.

知者不惑 仁者不憂 勇者不懼

지자불혹 인자불우 용자불구

〈자한편〉28

일반적으로는 지자知者, 인자仁者, 용자勇者에 초점을 맞
추어 이 구절을 설명한다. 하지만 여기서는 의혹, 근심, 두려
움과 그 원인을 말해보고자 한다.

이것과 저것, 옳음과 그름 등을 구분하지 못하는 의혹(의혹
은 감정이 아니다)이 생기는 까닭은 지혜의 부재 때문이다. 의심

되고 미혹된다면 그것은 용기가 부족하거나 삿된 욕망에 휘둘려 있기 때문이 아니라 만물, 사건의 근본, 말단에 대한 분석 오류거나 판단 실수인 것이다.

나의 옳지 않은 욕망이 드러날까, 선하지 않은 감정이 들통날까 걱정하는 등의 근심이 생기는 원인은 어짊의 결핍때문이다. 이것은 기운이나 지식에서 원인을 찾으면 안 된다. 근심은 나의 순수한 마음이 삿된 욕구와 욕망에 가려져 있기에 나오는 감정이다.

불의에 대응하지 못하거나, 어려운 상황에 처한 사람을 선뜻 돕지 못하는 등의 두려움이 생기는 이유는 용맹을 갖추지 못했기 때문이다. 지금 두려움이라는 감정이 일고 있다면 그것은 지식이나 마음의 문제가 아니라 나의 기운이 약하거나 혹은 옳지 않은 곳에 기운을 쓰고 있는 것이다.

내가 지금 의혹을 느끼거나 근심하고 있거나 두려워하고 있다면 이런 상황적 배경을 살펴야 하면서도 한편으로는 자신의 어짊과 용맹도 돌아봐야 한다.

정약용은 지知, 인仁, 용勇을 공부의 핵심이라고 보았는데,

달리 말하면 결국 공부는 몸과 마음과 머리를 다 쓰는 것이다. 조금 세련된 말로 바꾸면 공부는 지·덕·체를 아울러야 하고, 머리와 마음과 몸을 모두 쓰는 총체적 활동이어야 한다.

이 구절을 도식화해보자.

고민 양상	이유	소재
헷갈림(혹惑)	지식, 지혜의 부족	머리, 이성, 판단
근심(우憂)	떳떳하지 못함	마음, 의지, 도덕성
두려움(구懼)	외부 압박	몸, 기운

지혜가 밝으면 사건과 만물의 이치를 밝힐 수 있기에 미혹되지 않는다.

내면의 순수한 마음에 충실하면 사사로운 욕망에 휘둘리지 않기에 근심이 없게 된다.

참된 용맹은 정의를 위해 발휘되기에 두려움이 없게 된다.

거창하게 이야기하지 않더라도 지금의 내가 미혹, 근심, 두려움에 빠져 있다면 그 원인과 해결의 실마리를 잘 찾아보자. 미혹은 머리를 통한 분석과 판단에서, 근심은 내면의 순수한 마음에서, 두려움은 기운의 향방에서 해결의 출발점을 찾을 수 있다.

IV   삶을 대하는 태도를
           점검하라

음식

아름답게 먹기

—

쌀을 많이 대낀 밥을 싫어하지 않고, 얇게 여민 고기도
싫어하지는 않는다.

쉬어서 상한 밥과 물러러진 물고기와 썩은 육고기는
먹지 않는다.

빛깔이 나쁜 음식은 먹지 않고, 냄새가 나쁜 음식도 먹지
않고, 덜 익은 음식도 먹지 않는다.

먹을 때가 아니면 먹지 않고, 반듯하게 잘리지 않은
음식은 먹지 않고, 어울리는 장이 없으면 먹지 않는다.

비록 고기가 많더라도 밥 기운을 이기지 않도록 하고,
술을 많이 마실 수 있어도 어지러움에 이르도록 마시지
않는다.

저자에서 파는 술과 포는 먹지 않는다.

생강먹기는 그만두지 않지만 많이 먹지 않는다.

비록 거친 밥과 채소국이라도 꼭 감사하고 반듯하게
대한다.

食不厭精 膾不厭細

食饐而餲 魚餒而肉敗不食

色惡不食 臭惡不食 失飪不食

不時不食 割不正不食 不得其醬不食

肉雖多 不使勝食氣 唯酒無量 不及亂

沽酒市脯不食

不撤薑食 不多食

雖疏食菜羹 必祭必齊如也

사불염정 회불염세

사애이애 어뇌이육패불식

색악불식 취악불식 실임불식

불시불식 할부정불식 부득기장불식

육수다 불사승사기 유주무량 불급란

고주시포불식

불철강식 불다식

수소사채갱 필제필제여야

-〈향당편〉8

이 정도면 음식에 대해 확고한 태도를 지닌 미식가가 틀림없다. 아니 미식가라고 말하기에도 모자라다. 보통 미식가는 음식의 맛을 좇지만 여기서는 맛뿐만 아니라 음식을 대하는 결연한 의지, 엄격한 태도, 음식마다 대하는 자세까지 읽을 수 있다.

길고, 복잡하게 서술되어 있어 얼핏 음식을 까탈스럽게 대한다는 생각으로 이 구절을 마무리 지어버릴 수 있을 것 같다. 그래서 조금 더 논의하기 위해 정리해보았다.

근래에 백반 기행, 맛집 탐방, 먹방, 연예인의 요리 등 음식에 대한 각종 방송이 홍수를 이루고 있지만 얼굴 알려진 연예인들의 요리하기와 먹방이 전부라고 해도 과언이 아니다. 먹는 게 지대한 관심이지만 주로 맛이나 먹는 즐거움에 집중되고, 음식에 대한 관념과 태도가 들어가 있지는 않다.

옛 시대의 음식 종류, 수준, 문화를 지금에 그대로 가져다 쓸 수는 없다. 하지만 그 뜻을 짚으면서 음식에 대한 내 관념과 태도가 어떤지 살펴보는 계기로 삼을 수는 있다. 대부분은 음식에 대한 자신의 관념과 태도를 돌아본 적이 없다. 방송까지야 뭐라 할 수 없지만 이번 기회에 나를 한번 돌아보자.

구분	예시	유형
애호하지는 않지만 싫어하지도 않는 음식	많이 대낀 밥, 가늘게 여민 육회	A
먹지 않는 음식	쉰 밥, 물러터진 물고기, 썩은 고기	B
	색이 나쁜 음식, 냄새가 나쁜 음식, 덜 익은 음식	C
먹지 않는 상황	때가 아닐 경우 칼질이 바르지 않을 경우 어울리는 장이 없을 경우 장바닥의 술과 육포는 먹지 않기	D
먹기는 하되 제한 두기	육류가 많더라도 밥을 이기지 않기 주량은 많지만 취하지 않을 만큼 먹기 생강은 꼭 먹되, 많이 먹지 않기	E
먹는 태도	소박한 밥상이라도 고수레하고 정갈하게 하기	F

A는 적극적으로 찾지는 않지만 주저하거나 거부하지 않는 음식이다. 누구에게나 이런 음식이 있기 마련이다. 공자는 '많이 대낀 밥' '가늘게 여민 육회'를 예로 들었다. 둘 다 먹을거리가 모자라던 시절, 자주 먹기 어려웠던 고급 음식이다. 쌀은 대끼는 정도에 따라 현미, 5분도, 7분도, 백미가 되는데, 많이 대낄수록 맛이 좋아진다.

옛날 백성은 백미를 먹지 못하고 대부분 거친 현미를 먹었으며 그나마도 배불리 먹지 못했다. 백미와 육회는 백성에게는 선망의 음식이었던 셈이다. 이른바 '흰 쌀밥에 고기반찬'이다. 백미와 육회는 특별한 때, 특별한 사람에게 대접하고 대접받는 음식이다. 큰 부자거나 고관대작 정도 되어야 이 음식을 일상으로 먹을 수 있다. 좋은 음식이지만 누구나 쉽게 먹긴 어렵다. 흰 쌀밥과 고기반찬은 배고픔의 달램이기도 하지만 신분과 처지를 달래는 것이기도 하다.

지금의 나는 선망으로 여기는 음식이 있는가? 그 까닭은 무엇인가? 그 음식을 먹을 때 맛과 포만감 외에 얻고자 하는 것이 있는가? 혹시 SNS를 선도하거나 따라가기 위함인가? 사회적 위치나 처지를 뽐내기 위해서인가? 어떤 음식을 선망으로 여기고 있는지 그 까닭을 생각해보면 나의 속마음도 얼핏 볼 수 있지 않을까?

B, C는 모두 먹지 않고자 하는 음식이다.

B는 상한 음식이기에 먹지 않는다. 상한 음식은 몸을 상하게 하니 당연히 먹지 말아야 한다. 재료 자체가 상했다고 볼 수도 있다.

C는 재료보다는 조리상의 문제 상황이라고 볼 수 있다. 음

식을 먹는 순서는 눈, 코, 입이다. 눈을 통해 음식의 색을 본다. 음식마다 색이 있고, 이를 통해 그 음식을 인지하고 맛을 예상한다. 우리가 눈으로 음식을 먹는다고 할 때, 먹음직스러워 보인다는 판단은 차려진 모습보다는 음식의 색에 달려 있다. 그런데 그 색이 나쁘다면 그 음식을 먹겠는가?

음식을 입으로 넣기 전에 코로 냄새를 맡는다. 그런데 악취가 나면 먹겠는가?

음식을 입으로 넣었는데 덜 익었다. 그런데도 덜 익은 음식을 먹겠는가?

색이 나쁘고 악취가 나고 덜 익은 음식은 몸을 상하게 할 수도 있고, 식사 자체의 멋을 낮춘다. 먹는 행위는 생존이면서도 동시에 문화고 품격이며, 온몸과 오감이 모두 동원되는 총체적 행위다. 생존만을 위해서라면 색이 바랬든, 악취가 풍기든, 혹은 설익었든 먹을 수 있지만 그런 음식을 먹으며 맛과 멋과 충만을 기대하기는 어렵다. 나는 음식에서 맛, 멋, 충만을 기대하는가?

D는 먹지 못하는 게 아니라 먹기를 의도적으로 거부하는 것이다.

'때에 맞지 않으면 먹지 않음'은 식사 때가 아니면 먹지 않는다는 의미기도 하거니와 한편으로는 시간이 맞더라도 먹을 상황이 아니면 먹지 않아야 한다는 뜻도 있다. 시간을 맞추어 먹는 것은 건강을 위해 지당하다. 그런데 상황에 따른 것은 사회적 문제다. 백성은 굶주리는데 지도자가 진수성찬을 먹는 것, 학생 식당을 시찰하러 온 고위 공무원이 4,000원짜리 학식 먹는 학생 사이에서 비싼 삼계탕을 먹는 것, 군 회관에서 장성이 특별 음식을 대접받는 것 등은 포만이 아니라 과시에 목적을 둔 것이다. 시간과 상황에 맞지 않으면 먹지 말아라!

'음식이 반듯하게 잘리지 않았으면 먹지 않고, 어울리는 장이 없으면 먹지 않음'은 까탈스러워 보이기도 한다. 칼질이 반듯하지 못함은 미숙함 때문이기도 하겠으나, 정성이 없어서일 수도 있다.

그리고 어울리는 장이 없으면 음식의 맛을 제대로 느낄 수 없다. 대접받는 경우를 생각해보자. 음식이 반듯하게 정리되어 있지 않고, 음식에 어울리는 장도 없다면 그야말로 푸대접이 아니겠는가. 이 내용은 푸대접에 음식을 먹느니 차라리 먹지 않겠다는 뜻으로 볼 수 있다. 거꾸로 생각해보자. 나는 손님을 초대하고 푸대접하지는 않는가?

'장바닥의 술과 육포는 먹지 않음'은 지금과 어울리지 않는다. 위생을 확인할 수 없는 음식은 먹지 말라고 예를 든 것으로 생각된다.

E는 먹기는 하되 일정한 제한을 두는 경우다.

'고기 기운이 밥 기운을 넘지 않도록 하라'고 했으나, 음식 문화가 바뀌었으니 지금에는 어울린다고 하기는 어렵다. 다만, 밥을 유난히 사랑하는 우리에게는 나름대로 고기와 밥에 대한 관계 설정이 있다. 쌀 소비량이 줄어든 만큼 밥이 예전처럼 대접받지는 않으나 농경문화 속의 우리는 밥심으로 산다. 한 상 가득 고기가 차려있고 고기로 배를 채우고도 마지막에 밥을 먹어야 '먹는다'라는 의례가 완성된다. 밥을 잘 먹고 있는가? 밥 기운을 소홀히 하고 있지 않은가?

'취하지 않도록 술 먹기'는 지금에도 마땅한 가르침이다. 술을 못 먹거나 주량이 적으면 문제가 되지는 않는다. 술은 많이 먹기 때문에 문제가 생긴다. 그래서 '주량이 많으나'라고 했다. 술은 주량껏 마시는 게 아니라 취하지 않게 마셔야 한다. 상대가 적게 마시면 그에 맞춰 적게 마시고, 많이 마시면 그에 맞춰 많이 마시면 된다. 주량은 목으로 넘어가는 만큼이 아니라 어지럽지 않을 만큼이다. 나는 어지러울 만큼 술을 먹고 있지는 않은가?

'생강 먹기를 그만두지 않음'은 곁에 두고 장복한다는 뜻일 진대, 아마 자양 강장제로 여긴 것 같다. 지금으로 치면 영양 제 혹은 비타민제 정도 되겠다. 나는 장복하는 영양, 건강 보 조 식품이 있는가? 무엇을 먹는가?

이외에도 '소식하기', '먹으면서 말하지 않기', '잠자리에서 먹지 않기' 등의 태도도 있다.

F는 음식을 대하는 태도의 백미다.

우리는 평소에는 소박한 밥상을 맞이한다. 고기반찬, 진수 성찬은 아주 특별한 음식이다. 우리는 특별한 음식으로 살아 가는 게 아니라 일상적이고 소박한 음식으로 살아간다. 허니 특별한 음식보다 소박하고 일상적 음식에 더 감사해야 한다.

'고수레한다'라고 한 것은 지극한 감사를 의미하는 것이고, '정갈하게 한다'라고 한 것은 바른 자세로 음식을 대한다는 의미다. 오늘 저녁에 받을 소박하고 일상적 밥상에 감사를 표 하고 반듯한 자세로 대할 수 있을까? 엄마, 아빠, 아내, 남편, 언니, 오빠, 누나, 형, 동생이 차려주는 소박한 밥상에 감사하 고 있는가?

음식

유혹에 견뎌라

—

선비가 도에 뜻을 두고서 나쁜 옷과 나쁜 음식을
부끄러워하는 자라면 함께 논의할 수 없다.

士志於道 而恥惡衣惡食者 未足與議也
사지어도 이치악의악식자 미족여의야

— 〈이인편〉 9

멋진 옷, 맛난 음식은 모두가 좋아한다. 특히 생활에서
SNS가 중요한 사람에게는 옷과 음식은 입거나 먹는 것 이상
의 의미를 지닌다. 멋진 옷을 입으려 하고 맛난 음식을 먹고
자 함은 본능에 가깝다. 먹고 입는 행위 자체는 도덕적 가치
판단의 대상이 아니라고 할 수 있다.

그러나 자기 삶이 뜻하는 바를 정해 놓은 사람, 특히 도道에 뜻을 둔 선비라면 옷과 음식을 경계해야 한다.

도니 선비니 하는 개념이 지금의 사회 체제와 이념에 딱 들 어맞게 대응하기는 어렵지만, 일반적으로 정치가, 행정가 혹 은 전문 학자와 같은 이는 자기 나름대로 도에 뜻을 둔 사람 이어야 한다. 스스로 도덕적 인간이 되고자 하며 공동체의 정 의 실현을 위해 노력하고자 하는 선비 같은 사람 말이다. 좋 은 법안과 정책을 세우고 더 나은 공동체를 만들어야 할 정치 가가 자기의 개인적 복리를 추구하고자 한다면 그런 사람과 는 정치나 정책을 함께 논의할 수 없음이 자명하다. 그는 자 신의 복리 추구를 염두에 두고 정책을 시행하고 정치를 할 것 이기 때문이다. 물론 여기서 옷과 음식을 경계하라는 것은 많 이 먹고 과하게 치장하지 말라는 것이지 먹지도 말고 입지도 말라는 게 아니다.

거창하게 정치인을 예로 들지 않아도 된다. 우리는 자의든 타의든 학업에 뜻을 둔 적이 있다. '입시가 끝나면 실컷 놀아 야지!'라는 말은 뜻 실현을 위해 즐거움은 잠시 미뤄두겠다 는 것이다. 그런데 대부분은 입시가 끝나기도 전에 뜻이 즐 거움으로 기울고 만다. 학업이라는 내면의 뜻이 즐거움이라는 외적 요소에 부림당한 셈이다. 내면의 뜻이 외물에 부림당하는 사람과는 그 뜻을 함께 논의하기 어려울 것이 분명하다.

우리 대부분은 도를 추구하는 선비처럼 살기 어렵지만 뜻을 갖지 않고 살 수는 없다. 하지만 아쉽게도 그 뜻이 외물에 의해 부림당하기 일쑤다. 뜻을 가졌다면 이루고자 하는 기간만이라도 외물에 부림당하지 않도록 해야 한다. 물론 일상의 삶 속에서는 멋진 옷과 맛난 음식을 즐기는 것이 좋지만 말이다.

의례

혼례는 검소하게,
상례는 슬프게

예는 사치보다는 차라리 검소할 것이요,

상은 그럴싸하기보다는 차라리 슬퍼할 것이다.

禮 與其奢也 寧儉 喪 與其易也 寧戚

예 여기사야 영검 상 여기이야 영척

〈팔일편〉4

예禮는 뜻이 광대하고 맥락에 따라 다양하지만, 여기
서는 뒤 구절의 상喪과 대비시켜 혼례로 좁혀 이해해보자.

지금의 혼례는 의미를 드러내기 위한 형식과 절차라기보다
는 옷차림, 식장 풍경 그리고 음식에 뒷담화가 따르는 자리가
되었다. 관습으로부터 자유로워진 대신 식장 인테리어, 풍경,

위치, 음식 등에 신경을 쓴다. 최소한 '남들 하는 만큼'이라는 애매모호한 기준에 맞추려 하고, 그러다 보면 하객의 입방아에 오르내리지는 않을지 몰라도 사치하게 될 수밖에 없다. 모든 하객을 만족시킬 수 없음은 자명하기에 아무리 화려하게 혼례를 치른다고 해도 이런저런 뒷담화는 있기 마련이다. 게다가 화려함이나 사치는 혼례의 의미를 가릴 가능성이 더 크다. 그러니 화려한 외양에 힘쓰기보다는 차라리 검소함이 낫다.

검소하게만 치르는 혼례가 최선이라는 이야기는 아니다. 사치하지도 않고 지나치게 인색하지도 않은 예식이 최선이다. 사치도 인색도 아닌지는 각자가 처한 상황과 조건에 따라 다르기 마련이다. 경제 상황이 넉넉지 않은데 사치하거나, 매우 넉넉한데 검소에 매이면 그 혼례는 좋은 소리를 듣지 못한다. 사치나 검소 모두 한쪽으로 치우친 것이지만 검소보다 사치가 더 나쁘다. 사치는 없는 것을 있는 것처럼 하는 것이니 분명 재화에 결손이 나기 마련이지만 검소는 그렇지는 않다.

상례는 혼례보다 보수적이다. 관혼상제 중 세월이 지나도 가장 변하지 않는 게 죽음을 보내는 의례다. 관례와 제례는 선택 사항이 되었고, 혼례는 하루가 다르게 그 형식과 절차가 변하고 있다. 그에 비하면 상례는 관습, 관행의 명맥이 오래

유지되며 변화가 더디다.

지금은 그런 경우가 거의 없지만 몇 년 전 만해도 상가에서는 꼭 다툼 소리가 들렸다. 음식 종류나 맛 때문이 아니라 상례 절차에 대한 왈가왈부 때문이다. 좋은 상례에는 절차의 매끄러운 진행이 있어야 했고, 절차에 대해 이런저런 이야기가 없어야 했다. 그러니 형식적으로 그럴싸함에 신경 쓰느라 정작 슬퍼하지 못하게 되기도 했다.

상례는 슬퍼야 한다. 상주로부터 조문객에 이르기까지 상례는 슬픔을 표현하는 자리여야 한다. 여기서 최선의 상례는 관계에 따른 슬픔의 적절한 표현이다. 슬퍼함이 지나치거나 모자람도 문제고, 슬퍼하기보다는 형식적 그럴싸함에 기우는 것도 문제다. 상례에서의 형식은 슬픔의 깊이와 길이를 조절해주는 장치일 뿐이다. 그러니 형식적 그럴싸함에 치우치기보다는 슬픔에 충실한 것이 옳다.

'혼례는 화려하고, 상례는 그럴싸하게'가 아니라 '혼례는 검소하게, 상례는 슬프게'가 옳다.

의례

제사에 참여해야
제사다

—

내가 직접 제사에 참여하지 않으면 제사를 지내지 않은
것과 같다.

吾不與祭 如不祭
오불여제 여부제

－〈팔일편〉12

대표적 통과의례인 관혼상제 중 성인식인 관례는 큰
관심을 받지 못한다. 성인과 청소년의 경계가 모호하고 법적,
사회적, 관습적 성인의 개념이 일치하지 않는 것도 성인식이
관심에서 멀어지게 된 이유에 들어갈 것이다.

혼례는 여전히 중요한 의례이지만 외형에 있어서는 과거

와는 전혀 다르다. 지금은 혼례 당사자의 취향, 종교 혹은 혼인식장 프로그램에 따라 천차만별이다. 혼례의 중요한 고려 사항이 엄숙함과 절차에서 흥겨움과 꾸밈으로 옮겨갔다.

상례는 관례나 혼례에 비해 상대적으로 관습, 관행의 명맥을 유지하는 편이다. 하지만 특정 관습이 지배적이지는 않다. 상례 절차는 고인의 관습과 종교보다 유가족에 의해 결정되고, 조문객의 관습과 종교에 따른 조문이 허용된다. 고인이 불교를 믿었다고 해도 조문객이 기독교인이면 국화를 올리고 기도하는 것이 허용된다. 고인이 기독교를 믿었어도 조문객이 전통 방식으로 향을 피우고 절을 하기도 한다. 재미있고 신기한 광경이다.

추모의 형식과 절차는 다양해졌지만 추모 자체가 없어진 것이 아니다. 돌아가신 이에 대한 추모가 제사고, 추모의 절차와 형식이 제례다. 일반적으로 제사라고 하면 이러저러한 음식을 차려놓고 향을 피우고 절하는 유교식 제례를 떠올린다. 제사는 가정불화의 한 원인 혹은 남녀 차별 문화라고 지목되기도 한다. 오죽하면 며느리들의 원성을 샀던 제사 음식 차리기는 간소화해도 좋다고 성균관에서 명절마다 홍보하겠는가.

성균관의 말이 백번 옳다. 제사는 음식의 종류, 가격에 의해 의미를 갖는 게 아니다. 특정 형식과 절차에만 마음이 담기는 것도 아니다. 형식과 절차를 무시하지는 말되 하나만을 고집하거나 강요해서는 안된다. 음식이 없어도 있어도 추모는 가능하다. 다만 음식과 같이 추모의 마음을 담는 매개가 있으면 없는 것보다 낫다.

그런데 어떤 것을 따르더라도 추모의 자리에 있어야 추모가 이루어진다. 몸은 여기에 있고 마음만 추모의 자리에 있을 수는 없다. 돌아간 이와 나의 만남이 추모고, 추모의 마음을 담는게 형식과 절차이며 제례다.

제례를 행할 때 가장 중요한 것은 돌아간 이가 내 앞에 계신 듯 여기는 데 있다. 혼례는 다른 이를 대신해 축하의 마음을 전할 수 있지만, 제례는 그렇지 않다. 제례는 돌아간 이에 대한 추모가 핵심이다. 형식과 절차에 구애되거나, 특정 형식만 옳다거나, 그 자리에 참여하지 않는 것은 추모가 아니다.

제례는 추모의 자리에 내가 임하여 돌아간 이가 내 곁에 있는 듯이 여기며, 돌아가기 전의 돌아간 이를 그리워하는 의례다. 특정 형식의 제례는 영원하지 않겠으나, 제례 자체는 영

원할 것이고, 제례가 있는 한 제례가 제례답기 위한 조건으로서 '제사에 참여해야 제사다'는 변하지 않는 지침이 될 것이다.

돈

빈부에 처하는
태도를 살펴라

—

자공 : 가난하지만 아첨하지 않고, 부유하지만 교만하지
않으면 어떻습니까?
공자 : 괜찮다. 하지만 가난하면서도 즐기고,
부유하면서도 예를 좋아하는 것만 못하다.

子貢曰 貧而無諂 富而無驕 何如
子曰 可也 未若貧而樂 富而好禮者也
자공왈 빈이무첨 부이무교 하여
자왈 가야 미약빈이락 부이호례자야

〈학이편〉 15

가난한 사람도 있고 부유한 사람도 있다. 객관적으로
가난하거나 부유할 수도 있고, 주관적으로 가난하거나 부유

하다고 여길 수 있다. 가난하든 부유하든 그로 인해 생기기 쉬운 병통이 바로 아첨과 교만이다. 가난하면서 낮추고 굽히지 않기 어렵고, 부자면서 겸손하기 쉽지 않다.

가난하지만 비굴하지 않고, 부유하지만 교만하지 않은 사람도 인격자다. 그 정도도 하기 어렵다. 하지만 이는 소극적이고 방어적 단계다. '하지 않음'에 머물렀을 뿐이다.

가난하지만 그로부터 자유로운 가장 적극적인 자세는 '즐김'이다. 가난 자체를 즐기기보다는 가족에 대한 사랑, 개인적 양심, 불의에 대한 항거처럼 물질보다 더 소중하다고 생각되는 거창한 것에서부터 음악, 놀이, 스포츠 등 개인적 취향 등을 잃지 않고 누리는 것이다.

부유에 얽매이지 않는 가장 바람직한 자세는 '예를 좋아함'이겠다. 이는 행위의 절제와 다르지 않다. 부유할수록 행위에 있어서 거리낌이 적어지기 마련인데, 거리낌이 없이 행하는 일은 주변 사람이나 관련된 일에 좋지 않은 영향을 준다. 부유하지만 언행을 절제할 줄 안다면 매우 수준 높은 사람이다.

돈

인을 따라
부귀와 빈천을 대하라

—

부와 귀는 사람들이 얻고자 하는 것이지만
정상적인 방법으로 얻지 않았다면 처하지 않아야 한다.
빈과 천은 사람들이 싫어하는 것이지만
정상적인 방법으로 얻지 않았더라도 버리지 말아야 한다.

富與貴 是人之所欲也 不以其道 得之 不處也
貧與賤 是人之所惡也 不以其道 得之 不去也
부여귀 시인지소욕야 불이기도 득지 불처야
빈여천 시인지소오야 불이기도 득지 불거야

—〈이인편〉5

부귀를 싫어하는 사람 없고, 빈천을 좋아하는 사람도
없다. 그러나 그 본능과 실제로 얻는 것에는 차이가 있다.

정당한 부귀를 스스로 물리칠 사람은 없으니 부당한 부귀를 어떻게 대할 것인가가 문제다. 마찬가지로 빈천을 추구하는 사람은 없으니 부당한 빈천을 어떻게 대할 것인가가 문제다.

정당하게 얻은 부귀는 나무랄 게 없다. 부당하게 얻게 되는 부귀라면 적극적으로 갖지 말아야 한다. 얻을 수 있는 조건과 상황이 아닌데도 부귀를 탐하면 참되지 않다.

노력에도 불구하고 당당하게 처하게 된 빈천은 부끄럽지 않다. 그러나 사회나 상황에 의해 부당하게 주어졌다면 굳이 제거하려 애쓰지 말아야 한다. 그런 사회나 상황에서 주어진 빈천을 적극적으로 제거하려면 나 또한 부당한 방법을 써야 할 가능성이 높다. 부당해지느니 차라리 떳떳한 가난을 택해야 한다.

부귀를 굳이 거부하지 않고, 빈천을 굳이 추구하지는 않더라도 참된 마음 혹은 선한 본성인 인을 해치면서까지 부귀를 구하거나, 빈천을 피해서는 안 된다.

그는 부귀나 빈천을 어떻게 대하는가?

나는 부귀나 빈천을 어떻게 대하는가?

친구

푸르른 소나무처럼
벗을 대하자

—

날씨가 추워진 뒤에야 소나무, 잣나무가 뒤늦게 시듦을
알 수 있다.

歲寒然後 知松柏之後彫也

세한연후 지송백지후조야

–〈자한편〉 27

의義를 굳게 지키는 선비의 지조, 절개를 읊은 구절이
다. 세歲를 날씨라고 풀이했으나 선비의 지조를 말하고자 하
면 시절이라고 하는 게 더 좋다. 시절이 온화하고 편안하면
풀과 꽃이 저마다 무성하게 피어나고, 선비와 소인의 구분이
어렵다. 시절이 냉랭해지면 무성하던 꽃과 잎들은 앞다투어
잎을 떨군다. 냉랭함이 지속되어 한파가 오는 시절이 되면 버

터보던 여타 나무들도 이파리를 모두 떨군다. 그때가 되면 가늘고 긴 파란 이파리를 굳게 붙들고 있는 소나무가 눈에 들어온다. 세상이 눈으로 덮이고 산하를 쓸어버리듯 찬바람이 몰아쳐도 소나무는 우뚝하다.

눈 속에서 하얗고 분홍빛의 꽃잎을 내미는 매화도 선비의 절개를 뜻하나 소나무처럼 파란 이파리를 굳게 지키며 풍파를 견뎌오지는 않았다. 매화는 냉랭한 시절에 조응하듯 이파리를 모두 떨구어내고 겨울을 지내오다 봄기운을 먼저 알아차리고 조금 일찍 고개를 들 뿐이다. 한파의 끝이 매서운데 그 가운데 꽃잎을 내미는 매화가 멋지기는 하지만, 한파의 처음과 끝을 굳건하게 버티는 소나무에 비하면 아무래도 절개는 매화보다 소나무가 한 수 위다.

조선 후기 화가 추사 김정희는 선비의 절개를 뜻하는 이 구절을 모티브로 그 유명한 〈세한도歲寒圖〉를 그렸다. 제주도에 유배된 자신을 선비에 빗대어 그린 것일 수도 있지만, 제자 이상적에게 이 그림을 주었다. 자신보다는 제자의 변치 않는 마음을 그렸다고 봄이 더 감동적이다. 지조를 지키는 스승과 그 스승을 변함없이 따르는 제자. 이 얼마나 아름다운 풍경인가.

"소나무와 잣나무는 사철을 통해 늘 잎이 지지 않는다. 엄동이 되기 전에도 똑같은 소나무와 잣나무요, 엄동이 된 후에도 변함없는 소나무와 잣나무다. 그런데 성인께서는 유달리 엄동이 된 이후에 그것을 칭찬하셨다. 지금 그대가 나를 대하는 것을 보면, 내가 곤경을 겪기 전에 더 잘 대해주지도 않았고 곤경에 처한 후에 더 소홀히 대해주지도 않았다. 그러나 나의 곤경이전의 그대는 칭찬할 만한 것이 없겠지만, 나의 곤경 이후의 그대는 역시 성인으로부터 칭찬을 들을 만하지 않겠는가."

〈세한도〉에 남긴 스승의 마음이다. 스승은 좋은 시절이든 냉랭한 시절이든 변치 않는 제자를 소나무에 빗대며, 칭찬하고 있다. 스승과 제자뿐 아니라 친구 간에도 송백의 지조가 필요하다. 사회적 지위, 재물의 많고 적음 등에 따라 다르게 대하면 진정한 친구가 아니다. 친구는 그 자체를 인정하고 한결같이 감정을 나누어야 한다.

> 🔥 **생각해보기**
>
> 그는 송백 같은 친구인가?
> 그는 나를 송백이라고 여기는가?
> 나는 누구에게 송백인가?

친구

좋은 벗, 나쁜 벗

—

유익한 벗이 세 가지고 손해나는 벗이 세 가지다.

벗이 곧고, 벗이 성실하고, 벗이 견문이 있으면 유익하다.

벗이 한쪽으로 치우치고, 벗이 순하기만 하고, 벗이 말을

잘하면 손해다.

益者三友 損者三友

友直 友諒 友多聞 益矣

友便辟 友善柔 友便佞 損矣

익자삼우 손자삼우

우직 우량 우다문 익의

우편벽 우선유 우편녕 손의

　　　　　　　　　　　　　　－〈계씨편〉4

사람은 누구나 벗이 필요하고 나 또한 누군가의 벗이다. 그리고 벗과 벗은 비교적 동등한 관계다. 전통사회에서 부자父子, 군신君臣, 장유長幼, 형제兄弟, 사제師弟는 상하관계다. 부부夫婦도 수평적 측면이 강하지만 각자에게 특정한 역할이 요구되는 반면, 붕우朋友는 상호 동등하게(물론 선후배라는 순서가 없지는 않으나) 그리고 붓에 먹이 스미듯 부지불식간에 영향을 서로 주고받는다.

여기서 빈익빈 부익부의 논리가 친구 사이에도 통한다. 유익한 벗은 나의 부족한 면을 채워줄 수 있기에 더 유익하고, 손해나는 벗은 나의 모자란 면을 더 치우치게 하기에 손해다.

벗이 곧으면 내가 무슨 잘못을 했는지 들을 수 있다. 내 허물을 일러주기에 유익하다.

벗이 참되면 나 또한 참으로 나아갈 수 있다. 나의 불성실을 깨우치기에 유익하다.

벗이 견문이 많으면 총명으로 나아갈 수 있다. 나의 어두운 면을 밝게 해주기에 유익하다.

벗이 한쪽(겉모양)만 잘하면 나 또한 내면이 곧지 않게 되어 손해다.

벗이 아첨하고 모든 것을 좋다고만 하면 나 또한 참되지 못하게 되어 손해다.

벗이 말만 잘하고 속 내용이 없으면 나 또한 실제 견문을 얻기 어려워 손해다.

현실적으로 나는 모든 면에서 벗보다 뛰어날 수는 없다. 모든 면에서 뛰어나면 벗이 아니라 스승이다. 나는 벗보다 어떤 면은 앞서가고 어떤 면은 뒤에 있다. 그렇기에 나와 그는 벗이 될 수 있다.

벗 한 명을 떠올려보자. 내가 그보다 곧음, 참(성실), 견문 가운데 하나라도 앞서 있다면 나는 그에게 유익한 벗이 될 수 있다. 반대로, 그가 나보다 하나라도 앞서 있다면 그는 내게 유익한 벗이 될 수 있다.

그가 외모에만 치우치거나, 아첨을 잘하거나, 내용 없이 말만 잘한다면 그는 나에게 손해되는 벗이다. 마찬가지로, 내가 외모에만 치우치거나, 아첨을 잘하거나, 내용 없이 말만 잘한다면 나는 그에게 손해되는 벗이다.

내가 누군가의 벗이 되려면 곧음, 참(성실), 견문 중 하나는 갖춰야 한다. 벗은 주어지기보다는 의지를 통해 맺어지는 면이 강하다. 내가 벗을 택할 수 있다면 나 또한 누군가의 벗으로 택해지거나 혹은 배척될 수 있다. 내가 누군가에게 벗이 되지 못하고 있다면 어떤 나쁨을 지니고 있는지 생각해볼 일이다.

어떤 벗을
사귀어야 하는가

—

자기와 같지 않은 사람을 벗으로 삼지 마라.

無友不如己者

무우불여기자

-〈자한편〉 24

'불여기자不如己者', 즉 '자기와 같지 않음'을 '자기보다 못하다'고 해석하기도 하지만 여기서는 '자신의 인仁을 돕지 못하는 사람'으로 해석했다. 즉, 나의 인격 향상에 도움이 되지 못한다면 벗으로 삼지 말라는 이야기다. 다소 냉정하기도 하고 무섭기도 한 명령이다.

자녀가 문제를 일으켜서 학교로 불려오는 많은 학부모는

"우리 애는 원래 착한데, 친구를 잘못 사귀어서 휩쓸린 것이니 용서해주세요" 하고 말한다. 틀린 말은 아니지만, 그렇다고 그런 친구를 사귄 것에서 자유롭지는 못하다.

누군가와 친구가 되고 싶은가? 참 어려운 이야기다. 일반적으로 친구는 즐거움으로 사귄다. 당연히 함께 있으면 신나는 사람과 친구 삼아야 한다. 즐거운 사람과 친구 삼기는 저절로 되는 일이기에 고민이 필요 없다. 그런데 악행으로부터 느끼게 되는 즐거움이라면, 말이 달라진다. 그럼 친구 삼기 전에 '그가 나의 인간다움을 도울 수 있을까?' 하고 고민해보자. 인간다움을 인이라 해도 좋고 덕^德이라고 해도 좋다.

즐거움과 인간다움을 상대적으로 비교할 수는 없다. 하지만 인간다움을 지키기 위해 즐거움을 포기할 수는 있지만, 즐거움을 위해 인간다움을 해쳐서는 안 된다.

🍵 **생각해보기**

내가 벗으로 여기는 사람을 떠올려보자.
나를 벗으로 여기는 사람에게 내가 '붙여기자'는 아닐지 생각해보자.

친구

근사한 친구는
어떤 친구일까

—

잘하면서도 잘하지 못하는 내게 물으며,

아는 게 많으면서도 아는 게 적은 내게 물으며,

있으면서도 없는 듯이 하고, 내면이 가득 찼으면서도

허술한 듯이 하고, 내가 잘못을 범해도 가르치려 들지

않는다.

내 옛 친구가 이랬다.

以能 問於不能 以多 問於寡

有若無 實若虛 犯而不校

昔者 吾友嘗從事於斯矣

이능 문어불능 이다 문어과

유약무 실약허 범이불교

석자 오우상종사어사의

　원문의 뜻이 상하지 않는 범위에서 의역했다. 말하는
이는 증자고, 옛 친구는 안회다. 증자는 효孝와 수신修身으로
이름난 공자의 제자고, 안회는 인품으로 으뜸인 공자의 제자
인데, 스승인 공자보다 일찍 죽었다. 이 구절은 증자가 안회
를 그리워하는 것으로 읽을 수도 있고, 지금에는 안회만한 인
격자가 없음을 개탄하는 것으로 볼 수도 있다.

　친구 사이에 분명 능력(능불능能不能), 지식(다과多寡), 재물(유
무有無), 내면(실허實虛)의 차이가 없을 수 없다. 그리고 일반적
으로 불능한 이가 능한 이에게, 지식이 적은 이가 많은 이에
게 묻기 마련이다. 재물이 있는 이는 드러내려고 하고, 내면
이 가득 찬 이는 자랑하려고 한다. 그리하여 더 가진 자가 불
능한 이, 적은 이, 없는 이, 허술한 이의 잘못을 따지고 가르치
려고 든다. 그런데 안회는 그렇지 않았다.

　안회는 능력의 능불능, 지식의 다과를 구분하지 않고 물었
다. 능한 이가 물어주는 자체가 불능한 이에게는 자랑이다.

많이 아는 이가 조금 아는 이에게 물어주면 조금 아는 이는 용기가 난다.

없는 사람은 있는 사람에게 벽을 느끼고, 빈 사람은 꽉 찬 사람에게 다가서기 두려워한다. 그래서 안회는 있으면서도 없는 듯, 꽉 찼으면서도 빈 듯이 했다.

누구나 실수하고 잘못도 한다. 안회는 그 실수와 잘못에 대해 꼬치꼬치 캐묻거나 가르치려 들지 않았다. 캐묻고 가르치려 들면 마음이 닫힌다.

안회는 더 없는 인격자고, 안회를 친구로 추앙하는 증자 또한 수신의 명수가 틀림없다. 혹시 나는 변변치 않으면서 친구를 가르치려 들었나 하고 뼈저리게 반성해볼 일이다.

자신

나서기 좋아하는
이를 위한 충고

—

아는 것을 안다고 하고, 모르는 것을 모른다고 하는
그것이 바로 아는 것이다.

知之爲知之 不知爲不知 是知也
지지위지지 부지위부지 시지야

- 〈위정편〉 17

공자의 제자 가운데 용맹하고 나서기를 좋아하는 이
가 있었는데, 그 제자가 모르는 것을 안다고 하는 잘못을 범
할까 염려하여 공자가 타이른 말이다. 모르는 것을 안다고 함
은 자신을 속이는 것이다. 또 그렇게 말한다고 해서 앎이 나
아지지는 않는다. 공감이 가는 타이름이다. 왜냐하면 우리도
그 제자 같은 잘못을 범하기 때문이다.

위의 말을 조금 더 분석해보자.

상태	표출	유형
앎知	안다고 함	A
	모른다고 함	B
모름不知	안다고 함	C
	모른다고 함	D

우리는 모든 것을 알거나, 아무것도 모르지도 않는다. 모든 것을 안다면 신일 게고, 아무것도 모른다면 사물이다. 아는 것도 있고 모르는 것도 있으니 앎 혹은 모름이 잘못의 근원은 아니다. 하지만 알고 모름이 표출되면 어떤 반응, 효과, 응대 등이 생기기 마련이라, 이때 상대와의 관계가 형성된다.

A는 대체로 바람직하며, 잘못된 효과를 가져오지 않는다. 그런데 우리는 종종 하얀 거짓말이 긍정적 효과를 가져올 수 있는 상황에 처하기도 한다. 하얀 거짓말로 이로움이 생긴다고 했을 때 우리는 어떻게 해야 할까? 이익을 기준으로 앎과 모름을 표출한다면 모르는 것은 결국 안다고도 할 수 있게 되어버린다. 따라서 A는 하얀 거짓말일지라도 거짓말은 안 된다는 의미로 읽어야 한다.

B는 겸손이거나 또는 어떤 의도로 상대를 속이는 경우라고 할 수 있다. 겸손이라면 적절한 시기와 상황이 되면 안다고 밝힐 것이다. 상대를 속이는 경우라면 끝까지 모른다고 하거나, 의도가 달성되었을 때가 되어서야 알았다고 할 것이다. B는 상대에게 전적인 믿음을 주기 어렵다.

C는 앞에서 말한 제자의 잘못을 범하는 경우다. 자신을 속이는 것이고, 앎의 진전에 벽을 치는 꼴이다. 나아가 상대도 속이고 해를 끼치게 된다. 언젠가는 한계가 드러날 것이고 그때는 그간의 관계와 일이 모두 물거품이 된다. 가장 경계해야 할 경우다.

D는 참 진솔한 경우다. 아는 것을 안다고 하는 것보다 모르는 것을 모른다고 하는 것이 더 격이 높다. 자신에게 진실하고 상대에게 진심으로 대하는 것이다. 또 모름을 인정함으로써 앎에 다가갈 수 있다.

앎과 모름에 대한 태도를 네 유형으로 나눌 수 있다.

① 아는 것을 안다고 하고, 모르는 것을 모른다고 하는 사람.
② 아는 것을 안다고 하고, 모르는 것을 안다고 하는 사람.

③ 아는 것을 모른다고 하고, 모르는 것을 모른다고 하는 사람.

④ 아는 것을 모른다고 하고, 모르는 것을 안다고 하는 사람.

① 유형이 가장 바람직하고 자신과 상대에게 좋은 관계를 맺고 일을 이루어지게 한다.

④ 유형은 자신이나 상대를 속여 좋지 않은 관계를 맺게 되고 일을 망치게 한다.

> **♨ 생각해보기**
>
> 주변을 둘러보자. ①~④의 예가 될 만한 사람을 찾아보자.
> 그는 어디에 속할까?
> 나는 어디에 속하는가?

자신

망친 일을 대하는 태도

—

이루어진 일이면 말하지 말고, 그만두지 못할 일이면
간하지 않으며, 지나간 일이면 탓하지 말라.

成事不說 遂事不諫 旣往不咎
성사불설 수사불간 기왕불구

-〈팔일편〉21

완성하거나 마친 일이 성사成事고, 일을 시작해서 마치
지는 않았으나 이미 진행되어 그만두게 하지 못할 일이 수사
遂事고, 완성되지도 못했고, 이미 지나가버려 어찌할 수 없는
일이 기왕旣往이다.

성사에는 되도록 평가나 논평의 말을 하지 말아야 한다. 특

히 나쁘다느니 잘못했다느니 그렇게 하지 말았어야 한다느니
같은 부정적 말은 더욱 그렇다. 성사에 대한 부정적 말은 그 일
과 관계된 모든 사람의 노력과 정성을 한꺼번에 무너뜨린다.
성사에 대해서는 어느 정도의 시간이 지난 후에 가능한 한 그
일 자체에 대해 근거에 기반해 평가가 이루어져야 한다.

수사에는 더 이상 의견을 제시하지 말아야 한다. 이미 진행
되고 있는 일에 대해 의견을 제시하면 일이 진행되지 않거나
마치지 못하게 될 수 있고, 일이 진행되더라도 혼란스럽게 된
다. 딱히 마음에 들지 않더라도 진행되고 있는 일에 대해서는
관심 있게 바라봐주는 아량과 여유가 필요하다. 그래야 만족
하지는 못할지라도 일이 완성될 수 있다.

기왕에는 불평과 불만을 하지 말아야 한다. 이루어지지 못
하고 지나간 일에 대해 관계자를 탓한다 해도 어떤 도움도 얻
을 수 없다. 이루어지지 못한 까닭에 대한 분석과 보완이 필
요한 것이지 사람을 탓할 필요는 없다.

우리는 남에 대해 말하거나, 자신의 의견이 옳다고 여기거
나, 남 탓하는 것에 익숙하다. 그런데 그 익숙함으로 인해 일
을 망치지는 않는지 조심해야 한다.

자신

허물을 대하는 태도

—

허물이 있어도 고치지 않는 것, 그것을 일러 허물이라고
한다.

過而不改　是謂過矣
과이불개　시위과의

—〈위령공편〉29

허물이 없는 사람은 없다. 당연하다. 사람은 허물을 범
하도록 주어졌다. 불완전하게 태어났지만, 주어진 대로 살고
자 하지 않기에 사람이다. 사람에게는 선택, 자유의지가 있
다. 불완전하게 주어진 건 운명이지만 불완전을 벗어나고자
하는 건 선택이다. 그 선택과 허물을 대하는 태도에 인간다움
이 있다.

허물을 대하는 태도를 세 가지로 나누어보자.

A: 허물을 인정하지 않음.
B: 허물을 수긍하고 안주함.
C: 허물을 수긍하되 고치려 함.

A는 바람직하지 않은 태도다. 이런 태도 자체가 허물이다. 몰라서, 알고도, 익숙하지 않아서, 실수로 등등 허물을 범하는 이유는 셀 수 없이 많다. 이 태도를 지닌 사람은 자신의 허물이 아니라 남의 허물에 대해 인정하지 않으려고 할지도 모르겠다. 자신의 허물을 숨기기 위해.

B는 게으르거나 좌절했기 때문이다. 허물이 좋지 않다는 것은 알지만 환경이나 조건을 전적인 원인으로 몰고 간다. 환경과 조건에 의해 허물을 범했으니 자신의 문제가 아니라고 보는 것이다. 그런 사람은 언제나 허물을 반복한다. 허물이 잘못이 아닌 것은 알지만 그 반복이 잘못임을 인정하지 않으려는 셈이다.

C는 허물을 반복하지 않는다. 허물이 없는 사람은 없기에 그 자체가 잘못이 아니라 허물의 반복이 잘못이다. 반복하지

않으려면 허물을 인정해야 한다. 따라서 허물을 인정하는 용기와 반복하지 않고자 노력이 진보이자 발전이고 인간다움이다.

🕯 **생각해보기**

그를 떠올려보자.
그는 A~C 가운데 어떤 태도를 지니고 있는가?
나는 A~C 가운데 어떤 태도를 지니고 있는가?

세상의 모든 사람이여 허물이 있음을 부끄러워 말고, 허물의 반복을 부끄러워하라!

어른으로 살아가는 길,
《논어》가 가리키는 곳

　고전은 하나의 정답만 갖고 있지 않다. "《논어》는 이런 거야" "이 구절의 뜻은 ○○○이야"라고 딱 잘라 말하는 순간 《논어》는 철 지난 도덕 교과서가 되고 만다. 고전으로서의 《논어》는 시대와 사람을 초월하여 그때그때의 상황에 맞는 다양한 해석과 적용이 가능하다. 모든 고전이 그렇듯 《논어》 또한 구절의 단순한 해석에 그치지 않고 '관점'을 통해 한 걸음 더 나아갈 때 비로소 나에게서 살아난다. 해석은 유사할 수 있지만 관점은 무궁하다. 그래서 《논어》는 오래된 책이지만 여전히 생생하고, 세간에 셀 수 없이 많은 《논어》 해설서가 있는 것도 그 때문이다.

　그럼에도 또 하나의 《논어》를 내놓는 이유는 내가 살아가고 있는 사회적·정치적 환경에서 어른의 부재가 절실하기 때문이다. "우리 사회에 어른이 있는가?" "어른다운 어른

은 어떤 모습일까?" "자연적 생명 영위에 파묻혀 사회적 생명
을 잊거나 피하고 있는 건 아닐까?" 등의 질문에 대한 해답을
찾았으면 한다.

어른은 공동체의 정신적 중심이다. 파도에 요동치는
배의 중심을 잡고 방향을 잃지 않도록 일러주는 게 어른이다.
삶이 흔들릴 때 스스로 질문을 던지며 나는 삶을 잘 저어가고
있는지, 내가 속한 공동체에서 나는 어른의 모습으로 살아가
고 있는지를 점검해보고, 자신의 삶과 공동체 속에서 어른으
로 살아가는 길을 이 책을 통해 생각해보았기를 바란다.